8 Z
18794

LE MOUVEMENT ROMANTIQUE

PAR P. VAN TIEGHEM

HACHETTE ET Cie

LE MOUVEMENT
ROMANTIQUE

DANS LA MÊME COLLECTION

LE SOCIALISME FRANÇAIS DE 1789 A 1848

PAR GEORGES BOURGIN

ancien élève de l'École de Rome, archiviste aux Archives
Nationales

ET HUBERT BOURGIN

docteur ès lettres, professeur au lycée Voltaire.

LES GUERRES DE LA RÉVOLUTION :
LA DÉFENSE NATIONALE

PAR P. CARON

archiviste aux Archives Nationales.

LES AFFAIRES RELIGIEUSES
ET PARLEMENTAIRES SOUS LOUIS XV

PAR LÉON CAHEN

docteur ès lettres, professeur au lycée Condorcet.

LA CONVOCATION
DES ÉTATS GÉNÉRAUX DE 1789

PAR CAMILLE BLOCH

inspecteur général des archives et bibliothèques,
chargé de conférences à la Sorbonne.

L'ART AU XVIIIe SIÈCLE

PAR GASTON BRIÈRE

attaché au Musée de Versailles.

ETC.

LE MOUVEMENT ROMANTIQUE

PAR

P. VAN TIEGHEM

OUVRAGE ILLUSTRÉ DE QUATRE GRAVURES

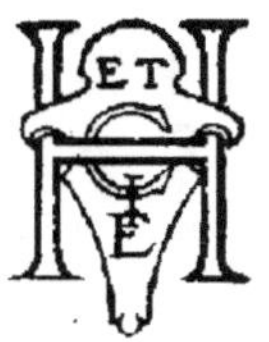

PARIS

LIBRAIRIE HACHETTE ET Cⁱᵉ

79, BOULEVARD SAINT-GERMAIN

1912

PRÉFACE

ON trouvera dans les pages qui suivent un choix de textes propres à faire connaître les principales directions du mouvement romantique dans quatre grandes littératures. Il faut souhaiter qu'on publie un jour des recueils de pages choisies internationales, embrassant l'ensemble d'une époque dans la littérature européenne ; en attendant, ce ne sont pas des œuvres que l'on donne ici, c'est ce qui est utile ou nécessaire pour comprendre et situer les œuvres : l'expression des tendances ou des doctrines. Les chapitres ou les ouvrages consacrés jusqu'ici aux divers romantismes européens donnent des historiques, des commentaires, des vues générales, plus rarement des résumés explicites et des analyses précises ; presque jamais les textes eux-mêmes par lesquels les écrivains ont annoncé ce qu'ils voulaient faire, expliqué ce qu'ils faisaient, commenté ce qu'ils avaient fait ; et ils ne les donnent que lorsque, ces textes étant peu connus, leur découverte fait honneur à la sagacité de l'historien. Ce livre, tout élémentaire, vise à un but plus modeste. Les morceaux qui ont paru essentiels à connaître y sont cités, même les plus communs : il cherche moins à être neuf qu'à être utile. Ce qu'on suppose connu, il le donne ; ce qu'on résume, il le cite ; ces jugements que l'on fournit tout faits, il engage à les construire soi-même ou à les vérifier. Il se présente comme un instrument de travail pour l'élève des classes supérieures de lettres, pour l'étudiant, pour le professeur de lycée désireux d'asseoir sur des données précises les exercices qu'il propose à ses élèves, pour le professeur d'Université qui a besoin de rapprocher des auteurs qu'il étudie ceux d'une littérature qui lui est moins familière. Les uns et les autres, ainsi outillés, pourront plus aisément, par la comparaison des textes, apercevoir la convergence ou la divergence des idées, saisir la filiation des influences, élargir et fortifier à la fois leurs connaissances en histoire littéraire.

Les morceaux les plus connus ont été reproduits ici, mais rarement dans leur entier, vu leur longueur : on trouvera, j'espère, que les parties essentielles en ont été conservées. D'autres passages sont d'accès plus difficile à qui n'est pas familier avec la langue et la littérature auxquelles ils appartiennent : perdus dans les nombreux volumes d'œuvres complètes, ils paraissent ici en plein jour, et la citation qui en est faite pourra même mettre sur la voie de morceaux voisins. Enfin, pour beaucoup de textes importants, je me déclare entièrement redevable aux auteurs qui les citent, et auxquels je renvoie en note : je me suis contenté de les choisir, de les abréger, et de les traduire le cas échéant. Après les tenants du romantisme, j'ai parfois donné la parole à leurs adversaires ; plusieurs ont montré une rare clairvoyance, et certaines idées ne sont nulle part mieux définies que par ceux qui les combattent.

Toutes les traductions sont mon œuvre personnelle, à l'exception d'un très petit nombre de passages pour lesquels une note indique le traducteur. La plupart de ces morceaux n'avaient jamais été mis en français, et ce sera peut-être une utilité de cet ouvrage que de les faire lire aisément de tous. Pour le plus grand nombre de ceux qui l'avaient été jadis, le travail a paru à refaire : à défaut de tout autre mérite, j'espère qu'on reconnaîtra à ces traductions celui, essentiel à leur objet, d'une scrupuleuse fidélité, même lorsque d'importants passages de poésie anglaise, allemande, italienne ont dû passer dans notre prose.

Mon premier dessein était d'étendre cette enquête au delà des limites de ces quatre littératures. Mais celles que l'on pourrait y ajouter ne présenteraient pas la même importance primordiale : le romantisme y a été plus tardif et souvent de second degré, influencé par celui des grandes nations. En Espagne, il est surtout d'importation française. Dans les pays scandinaves, il suit les pas de l'Allemagne. Cependant, j'ai regretté de ne pouvoir donner une place à Larra ou à Œhlenschlæger. Sur bien des terrains d'ailleurs, j'aurais senti me manquer une compétence dont je n'ai peut-être ici que trop présumé.

Il aurait été intéressant de faire un seul bloc de tous les romantismes considérés, et, négligeant les frontières, de diviser la matière seulement d'après les divers groupes d'idées et de théories. Ce plan séduisant m'a paru, à la réflexion, peu justifié. Les mêmes mots, répétés de tous côtés, ne recouvrent pas toujours les mêmes choses ; les écoles sont différentes en leur fond, et sous cette identité spécieuse se serait cachée une essentielle diversité. En méconnaissant ou en voilant à dessein les éléments nationaux, on faisait prédominer artificiellement les caractères qui appartiennent à la littérature générale. Du moins je me suis placé scrupuleusement au point de vue comparatif, en ne négligeant aucune occasion de rapprocher, au moyen de renvois d'une partie à une autre, les thèses soutenues dans les divers pays, de manière à maintenir constamment les communications, et à faire apercevoir l'analogie ou la diversité des opinions sous la différence ou la ressemblance des langages.

Dans la répartition des quatre parties, comme dans la division en chapitres et dans l'intérieur de chaque chapitre, il a été tenu le plus grand compte de l'ordre des temps. On verra, j'espère, qu'il se concilie le plus souvent avec l'ordre logique. Ce dernier a exigé quelquefois le sectionnement d'un morceau, quand deux parties appartenaient évidemment à deux groupes d'idées différents.

Les *Caractères généraux* placés au début de chaque partie sont destinés à guider le lecteur peu au courant de cette littérature, comme à rendre la lecture plus fructueuse, par des rapprochements appropriés, pour celui qui se trouve en pays de connaissance. Il fallait aussi, chaque fois, délimiter le terrain pour justifier telle ou telle exclusion, et indiquer l'ordre qui allait être suivi. De même, les textes cités ont été introduits par des explications destinées à les replacer dans leur cadre : j'ai fait tous mes efforts pour ne dire que l'indispensable, mais j'ai dû donner plus de détails pour l'étranger que pour la France, où les faits sont supposés mieux connus ; et j'ai multiplié les renseignements précis, lorsque les idées s'expliquent par des circonstances locales ou personnelles.

Les notes biographiques ne considèrent chaque écrivain qu'au point de vue de son rôle dans le mouvement romantique, et leur longueur est proportionnée, non à son importance absolue, mais à sa valeur à ce point de vue. Les références sont données autant que possible à l'édition la plus aisée à consulter ; mais, pour les ouvrages souvent réimprimés dans des éditions différentes, la référence par tome et page a été supprimée, n'étant ici que l'étalage facile d'une inutile précision. On trouvera dans les notes les titres exacts des ouvrages, traduits dans le texte pour la commodité du lecteur. Ces notes constituant, dans leur ensemble, une bibliographie sommaire des textes où se dessine le mouvement romantique, il a paru inutile de la répéter ailleurs sous une autre forme. Sur tous les points, j'ai tâché de faire très simple, et de ne rien tenir pour connu, au risque de paraître trop élémentaire.

Les indications bibliographiques, aussi brèves que possible, ne mentionnent en général que des ouvrages encore utiles ou nécessaires à consulter, de préférence les plus récents ou dans leurs plus récentes éditions. C'est grâce à certains d'entre eux que ce petit travail a pu être exécuté. Si l'idée première doit beaucoup aux *Idées et Doctrines littéraires du xviie siècle* de MM. Vial et Denise, le recueil de textes romantiques français donné récemment par Stewart et Tilley n'a pas influé sur la composition de celui-ci, déjà avancé quand il a paru, et conçu sur un tout autre plan. Mais on verra combien je suis redevable aux ouvrages ou aux éditions de Phelps et Beers pour l'Angleterre, Minor, Walzel, R. Huch, Max Koch pour l'Allemagne, Muoni, Borgese, Mazzoni, Scherillo pour l'Italie, Des Granges pour la France. Je joins à ces noms ceux de quelques collègues dont les conseils m'ont été précieux : MM. Delattre et Banchet, à qui certaines traductions de l'anglais doivent beaucoup, Tonnelat, Baldensperger, Hazard. Si mon travail avait pu leur être constamment soumis, sans doute le livre en eût été meilleur. Je remercie d'avance les spécialistes des erreurs qu'ils voudront bien y signaler ; quant aux omissions, elles sont bien souvent volontaires, dues au plan et aux dimensions imposées à l'ouvrage par la collection dont il fait partie.

P. Van Tieghem

LE
MOUVEMENT ROMANTIQUE

PREMIÈRE PARTIE

LE MOUVEMENT ROMANTIQUE
EN ANGLETERRE

CARACTÈRES GÉNÉRAUX

Le romantisme anglais n'est pas constitué par une école fermée, par un groupement ou des groupements d'écrivains qu'unissent d'étroites affinités de tendances morales et d'idées littéraires, comme c'est le cas pour les romantismes allemand, italien, français. A peine pourrait-on trouver quelques traces d'action commune, quelque chose qui ressemble à une école, dans la communauté de vues et de travaux qui joint Wordsworth et Coleridge auprès des lacs, dans l'amitié qui rapproche quelque temps Byron et Shelley, Shelley et Keats. Si, comme on le verra, les mêmes articles de foi, opposés à l'étroit crédo classique, ont été proclamés à des époques très distantes par les écrivains les plus divers, ce n'est pas l'effet d'une influence réciproque, ni d'une tradition constante. Rien n'est plus libre et plus varié que les manifestations de ce qu'on peut appeler le romantisme anglais : rien n'échappe davantage à une classification rigoureuse.

D'abord, sur l'étendue même du champ romantique, il est malaisé de tomber d'accord. Les uns voient dans le romantisme une tendance de l'âme, un caractère : sont romantiques les indisciplinés, les fougueux, les ardents, les partisans de la liberté morale et de l'individualisme littéraire, un Byron, un Shelley, un Keats. En ce sens, les romantiques anglais seraient proches parents des romantiques français de 1830. Mais Byron est violemment classique en littérature, comme on le verra par plusieurs exemples. Pour d'autres, le romantisme en Angleterre signifie, comme en Allemagne, le retour au passé, la littérature nationale : il est représenté par la poésie et le roman gothiques, par les ballades, par Walter Scott. En un troisième sens, le romantisme anglais pourrait être le retour à la nature dans la voie indiquée par Rousseau, l'amour de la campagne et la sympathie pour les êtres simples qui la peuplent, le sentiment du monde extérieur et l'adoration de l'Etre qui l'anime et le gouverne : Wordsworth, si peu romantique à d'autres égards, en serait le principal représentant. Enfin, le goût de la couleur locale, de l'exotisme, du dépaysement dans le temps et dans l'espace, unirait Walter Scott, Byron, Keats, Southey et constituerait une espèce de romantisme tout en dehors, qui aurait beaucoup d'analogie avec celui, notamment, de la France.

D'autre part, le caractère anglais étant moins porté à analyser qu'à réaliser, et à disserter qu'à agir, on trouve beaucoup d'œuvres et même quelques chefs-d'œuvre, fort peu de théories. Seule, la préface de Wordsworth, avec les quelques chapitres de Coleridge qui la commentent, peut être rapprochée des pages critiques de Schlegel, de Manzoni, de Victor Hugo. Surtout, et sauf cette exception, ce sont des auteurs secondaires ou d'ordre infime qui ont parfois émis les vues les plus profondes. Les grands poètes ont raillé comme Byron, ou n'ont pas pris part au débat, comme Shelley, dont la *Défense de la Poésie* plane au-dessus des écoles.

Pour ces raisons, il a été nécessaire de glaner, sur un espace d'un siècle environ, les textes qui ont paru le plus propres à donner l'image du romantisme anglais sous ses principaux aspects. La réaction contre l'excès de la vie sociale et de la littérature sociale, contre l'artificiel dans la vie et dans l'art, contre la poésie classique, la recherche d'une vraie poésie, telle est l'origine commune. Nous suivons ensuite dans deux principales directions le courant des idées romantiques : retour au passé national, retour à la nature. L'insuffisance des textes critiques ou esthétiques n'a pas permis d'étudier, comme il mériterait de l'être, le romantisme exotique et bariolé, celui de Byron dans ses poèmes italiens ou orientaux, de Southey, etc... Enfin, on ne s'étonnera pas du silence gardé sur le théâtre, le drame n'ayant donné, entre les mains des romantiques anglais, que des productions intéressantes et parfois belles, qui ne se rattachent en aucune façon à des doctrines littéraires conscientes. Et cela s'explique, toute liberté étant déjà accordée à la scène anglaise, et les luttes pour l'affranchissement du théâtre n'ayant pas de raison d'être dans le pays de Shakespeare.

LE RETOUR A LA VRAIE POÉSIE

RÉACTION CONTRE LA POÉSIE DE L'AGE CLASSIQUE, RAFFINÉE, SOCIALE ET DIDACTIQUE : J. WARTON || LA VRAIE POÉSIE. L'ORIGINALITÉ : YOUNG. LE MERVEILLEUX : HURD. LA MÉLANCOLIE. LA POÉSIE ROMANTIQUE CONTRE LA POÉSIE CLASSIQUE : KEATS | DÉFENSE DE LA POÉSIE CLASSIQUE PAR BYRON.

RÉACTION CONTRE LA POÉSIE DE L'AGE CLASSIQUE

La poésie de goût et de tour classique, telle qu'elle régnait en Angleterre sous la reine Anne et les premiers George (*Augustan Age*), toute inspirée des modèles français, n'avait pas de racines bien profondes dans le tempérament national. Aussi, de très bonne heure dans le xviiie siècle, quelques esprits aventureux ont-ils osé dessiner un mouvement de réaction. On relève, parties de différents points et à des époques différentes, des attaques contre la poésie classique.

CONTRE LA POÉSIE RAFFINÉE : ALLAN RAMSAY

C'est en Écosse que s'aperçoivent les indices d'un esprit nouveau. On y est las déjà du bon goût et de l'élégance. Dès 1724, Allan Ramsay[1] oppose une poésie rude, mais naturelle et locale, à celle des gens de lettres à la mode, tout artificielle et d'importation française[2] :

J'ai observé que des lecteurs du meilleur et du plus sûr discernement se plaignent fréquemment de nos écrits modernes : ils les trouvent remplis de délicatesses affectées et de raffinements étudiés, qu'ils échangeraient volontiers contre cette vigueur naturelle de pensée et cette simplicité de style que nos ancêtres pratiquaient...

1. Allan Ramsay (1686-1758), Ecossais du Lanarkshire, perruquier, puis libraire, à Edimbourg, poète depuis 1715 ; donne une collection de vieilles chansons, *The Tea-table Miscellany*, la même année ; il annonce de plus le réveil du sentiment de la nature par les touches sincères de sa pastorale, *The Gentle Shepherd* (1725).
2. A. Ramsay, *The Evergreen, being a Collection of Scots Poems, wrote by the Ingenious before 1600* (1724) — cité par Phelps, *The Beginnings of the English Romantic Movement*, p. 124.

Quand ces bons vieux Bardes écrivaient, nous n'avions pas encore fait usage de garnitures étrangères sur nos habits, ni de broderies étrangères dans nos écrits. Leur poésie est le produit de leur propre pays : elle n'est pas dérobée à autrui, ni gâtée par des importations du continent. Leurs images sont naturelles, et leurs paysages sont nationaux, copiés sur ces champs, sur ces prairies que nous contemplons tous les jours.

CONTRE LA POÉSIE SOCIALE ET DIDACTIQUE : J. WARTON

L'habitude de faire servir le vers à l'expression d'idées générales plutôt que de sentiments personnels, au développement moral et didactique, à la satire littéraire, à la chronique du goût, la poésie de Boileau, de Pope et de Voltaire, est attaquée vers le milieu du siècle par les frères Warton, Hurd et Young. On veut rétablir dans leurs droits l'imagination et le rêve, laisser parler la sensibilité propre de l'écrivain, et rendre au cœur la place que l'esprit lui a prise. Joseph Warton[1] proteste contre la mode de *moraliser en vers*[2] :

Le public a été tellement accoutumé depuis peu à la poésie didactique seule, et à des essais sur des sujets moraux, que tout ouvrage où la part la plus large est faite à l'imagination, ne sera peut-être pas goûté ni apprécié. En conséquence, l'auteur de ces poésies a quelque crainte que certains austères critiques y trouvent trop d'imagination ou de descriptions. Mais, comme il est convaincu que la mode de moraliser en vers a été poussée trop loin, et comme il considère l'invention et l'imagination comme les facultés essentielles du poète, il sera heureux si les Odes qui suivent viennent à être considérées comme une tentative pour ramener la poésie dans sa véritable voie.

Il y a même opposition et incompatibilité entre l'observation des hommes dans leurs rapports sociaux et le recueillement poétique, entre l'esprit du poète de société et le génie du véritable poète. C'est ce qu'ose affirmer le même Warton dix ans plus tard[3] :

Le sublime et le pathétique sont les deux ressorts essentiels de toute véritable poésie... Un esprit net, une intelligence avisée, ne suffisent pas à faire un poète : les observations les plus solides sur

---

1. Joseph Warton (1722-1800), poète, traducteur et critique. Outre l'*Advertisement* qui précède ses *Odes* (1746), il faut citer son *Essay on the Genius and the Writings of Pope* (1756). — Son frère, Thomas Warton, contribue beaucoup au changement du goût par son *History of English Poetry from the Twelfth to the Close of the Sixteenth Century* (1774-1781)

2. J. Warton, *Odes* (1746) : *Advertisement* — cité par Phelps, p. 90.

3. Id., *Essay on the Genius and the Writings of Pope* (1756) — cité par Beers, *A history of English Romanticism in the Eighteenth Century*, p. 214.

la vie humaine, exprimées avec la plus parfaite élégance et la plus parfaite conviction, sont de la morale, non de la poésie... C'est l'imagination créatrice et ardente, *acer spiritus ac vis*, et elle seule, qui peut marquer un écrivain de ce caractère sublime et si peu commun... L'homme qui est habile à peindre la vie moderne, et les travers les plus secrets et les manies de ses contemporains, est, par suite, impropre à représenter les époques d'héroïsme, et cette vie naïve, la seule que la poésie épique puisse décrire avec charme... L'esprit, la satire, sont éphémères et périssables ; mais la nature et la passion sont éternelles.

A la poésie classique moderne on rêve de substituer une poésie *naturelle*. Longtemps après, Coleridge montrait que la poésie classique peint l'homme en société, donc artificiel ; qu'elle ne peut être goûtée que de celui qui vit en société, et qu'elle n'est pas celle du jeune homme, du solitaire, du voyageur, du rêveur, etc... [1].

Je vis que le mérite de cette espèce de poésie consistait en observations justes et fines sur les hommes et leurs mœurs dans un état artificiel de société, pour ce qui concerne le sujet et la matière ; — en une intelligence logique, s'exprimant en groupes de vers bien tournés et présentant le relief d'une inscription, pour ce qui concerne la forme... Ce qui me semblait caractériser le fond et l'expression, c'était non tant des pensées poétiques, que des pensées traduites en langage poétique.

Il expliquait cela par l'habitude de faire des vers latins, c'est-à-dire de penser d'abord, puis de recouvrir sa pensée d'un langage artificiel.

LA VRAIE POÉSIE

Il faut rendre à la poésie anglaise ses véritables caractères. Les éléments positifs sont divers suivant les milieux et les tempéraments.

L'ORIGINALITÉ : YOUNG

N'imitons plus les anciens, et tâchons d'être original comme eux. C'est l'idée essentielle de Young[2] dans ses *Conjectures sur la Composition originale*, que résument ces quelques mots [3] :

1. Coleridge, *Biographia Literaria*, chapter I.
2. Edward Young (1683-1765). La première édition des *Nuits* est anonyme : *The Complaints ; or Night Thoughts on Life, Death, and Immortality* ; a paru en juin 1742, et ne contient que 4 Nuits ; les 5 autres ont été ajoutées successivement jusqu'en 1745. — Les *Conjectures* sont présentées comme *Letter to the Author of Sir Charles Grandison* (1759).
3. Young, *Conjectures on Original Composition*, 1759 — cité par Beers, p. 188.

LE MOUVEMENT ROMANTIQUE EN ANGLETERRE

Moins nous copierons les grands écrivains anciens, plus nous leur ressemblerons... Nous naissons *originaux*, comment se fait-il que nous mourions *copies* ?... Le vrai génie se fraye sa propre route qui croise tous les grands chemins de l'imitation.

LE MERVEILLEUX : HURD

La poésie ne saurait être toute rationnelle. La *nature* des poètes classiques est une nature trop limitée au monde de la raison. Il faut élargir la nature, faire une place au mystérieux, au merveilleux, au rêve, naturels comme le reste (cf. Novalis, p. 34). C'est la contribution de Hurd [1], dans ses *Lettres sur la Chevalerie et la Romance* [2] :

Le poète, dit-on, doit suivre la *nature* ; et par *nature* nous supposons qu'on ne peut entendre que le cours des affaires de ce monde, objet de notre connaissance et de notre expérience. Tandis que le poète a un monde à lui, où l'expérience a moins à faire que l'imagination conséquente avec elle-même. Il a, en outre, un monde surnaturel où il se meut. Il a à ses ordres les dieux, les fées, les magiciennes... Dans le monde du poète, tout est merveilleux et extraordinaire : toutefois, rien n'y est *contre nature* en un sens, car tout s'accorde avec les conceptions que l'on se forme couramment de ces natures magiques et faiseuses de miracles.

LA MÉLANCOLIE

L'inspiration mélancolique ou funèbre de la poésie remonte nettement à l'œuvre la plus importante de cette période de préparation du romantisme, aux *Nuits* de Young (1742-45), dont l'influence couvre toute l'Europe et s'étend en Italie jusqu'au début du XIXe siècle. Joseph Warton marque la même tendance dans son *Ode à l'Imagination* [3] ; et ce passage est indépendant des *Nuits*, des *Méditations parmi les Tombes* de Hervey (1745-46), et du *Tombeau* de Blair (1743).

Que la Rêverie s'éloigne des scènes d'orgie, qu'elle aille à la rencontre de la vénérable Mélancolie, déesse à l'œil plein de larmes, qui aime à replier ses bras et à soupirer. Allons d'un pas silencieux vers les charniers, les demeures de la désolation, vers les églises gothiques, les voûtes et les tombeaux, où chaque nuit une vierge,

1. Richard Hurd (1720-1808), évêque de Worcester, philologue, théologien. Ses *Letters on Chivalry and Romance* (1762) se greffent sur un dialogue *On the golden Age of Queen Elizabeth* publié dans ses *Moral and political Dialogues* (1759).
2. R. Hurd, *Letters on Chivalry and Romance* (1762), Letter X — cité par Phelps, p. 114.
3. J. Warton, *Odes* (1746) : *Ode to Fancy* — cité par Phelps, p. 91.

le sein secoué de sanglots, la joue pâle, vient rechercher l'urne de son fiancé.

LA POÉSIE ROMANTIQUE CONTRE LA POÉSIE CLASSIQUE. KEATS

La poésie doit être plus chaleureuse, plus intime, plus sympathique au cœur. Vers la fin du siècle, ces idées se répandaient dans la jeunesse. La réaction contre le classicisme avait cause gagnée, et les grands poètes romantiques pouvaient venir. En 1794, à Cambridge, les jeunes amis de Coleridge abondaient en ce sens. Un certain Charles Valentin Le Grice disait [1] que « Pope contient peu de ce qui parle d'amour et de joie poétique, d'enthousiasme et de beauté ». Il s'adresse à l'esprit, tandis que

Le but de la poésie, c'est de ravir le cœur, de l'ennoblir, de l'élever et de l'améliorer... Contemplons la nature avec les yeux de Thomson, aiguillonnons les énergies avec Gray, éveillons avec Bowles les beaux sentiments, répandons-nous en sympathie avec Burns, élargissons l'âme à tous les sentiments élevés comme Cowper ; oserons-nous alors déplorer que le génie poétique se soit envolé avec Pope ? L'âge d'or de la poésie n'est pas dans le passé, il est dans l'avenir.

Pope est tenu pour le symbole du classicisme, au nom duquel il reçoit tous les coups. Contre lui et tous les classiques, Keats [2] se déclare dans un passage généralement considéré comme la profession de foi la plus importante du romantisme anglais. En 1816, l'émancipation littéraire n'était pas un fait si acquis qu'un jeune poète de vingt et un ans ne crût opportun de la réclamer avec la plus vive énergie [3] :

Oui, un schisme nourri par l'affectation et la barbarie a fait rougir le grand Apollon pour ce pays qui fut sien. Des hommes étaient estimés sages qui ne pouvaient pas comprendre ses gloires. Avec la vigueur de marmots pleurards, ils se dandinaient sur un cheval à bascule, et pensaient que ce fût Pégase. Ames mornes ! Les vents du ciel soufflaient, l'océan roulait ses vagues amoncelées — vous ne le sentiez pas. L'azur découvrait son sein éternel, et toujours la rosée des nuits d'été se rassemblait pour faire de somptueux matins :

1. Cité par Alois Brandl. *Samuel Taylor Coleridge und die Englische Romantik*, p. 82.
2. John Keats (1795-1821), commence vers seize ans par imiter Spenser, subit l'influence de Leigh Hunt. La pièce *Sleep and Poetry* est composée en 1816. Le recueil *Poems* de 1817, le premier, passe presque inaperçu d'abord. Parmi ses chefs-d'œuvre, écrits en 1818 et 1819, plusieurs poèmes sont d'inspiration romantique (*The Eve of Saint Agnes, La Belle Dame Sans Merci*).
3. J. Keats, *Poems* (1817): *Sleep and Poetry*, vers 151.

la Beauté était réveillée ! — Pourquoi n'étiez-vous pas réveillés ? Non, vous étiez morts à ces choses que vous ne connaissiez pas ; vous étiez étroitement asservis à des lois moisies, tracées avec une misérable règle et un vil compas ; de sorte que vous avez formé une école d'imbéciles à polir, à incruster, à rogner, à ajuster, jusqu'à ce que, comme les baguettes infaillibles de l'ingénieux Jacob, leurs vers fussent arrangés à souhait. Aisée était la tâche : mille artisans portaient le masque de la poésie. Race funeste et impie ! qui blasphéma le rayonnant Porte-lyre devant sa face, et ne s'en douta pas ; — non, ils allaient brandissant une pauvre bannière décrépite, ornée des plus plates devises, et sur laquelle s'étalait le nom d'un certain Boileau !...

Ce dernier nom marque la liaison entre la cause de Pope et celle du classicisme européen, entre le romantisme anglais et les ennemis français de Boileau (p. 99) quelques années plus tard.

DÉFENSE DE LA POÉSIE CLASSIQUE PAR BYRON

De ses débuts poétiques à ses derniers écrits, Byron [1] prend la défense du classique et de Pope : d'abord dans sa satire *Bardes anglais et Critiques écossais,* puis dans ses lettres à Murray, enfin dans sa polémique contre Bowles au sujet de Pope. — Voici le contraste le plus vif avec Keats [2] :

LES POÈTES CONTEMPORAINS CONTRE LE BEAU CLASSIQUE

L'intérêt de la populace poétique d'aujourd'hui à obtenir l'ostracisme contre Pope est aussi facile à comprendre que la coquille de l'Athénien contre Aristide. Ils sont fatigués de l'entendre toujours appeler *le juste....* Ils ont élevé une mosquée à côté d'un temple grec de la plus pure architecture... ils ne se contentent pas de leur édifice grotesque, il leur faut encore détruire le monument antique, d'une parfaite beauté, qui l'a précédé, et qui les couvre à jamais de honte, eux et leurs ouvrages.

Appuyé sur l'idée classique du *goût,* il méprise les efforts des novateurs [3], et trouve l'avantage des classiques — de Pope — non seulement

---

1. George Gordon, lord Byron (1788-1824). Son premier volume, *Hours of Idleness* (1807), ayant été maltraité par *The Edinburgh Review* dans un article (janvier 1808) probablement écrit par Brougham, il lance sa *Satire* en mars 1808.

2. Byron, *Letter to *** ***, on the Rev. W. L. Bowles' Strictures on the Life and Writings of Pope,* Ravenna, February 7th, 1821.

3. Id., *English Bards and Scotch Reviewers* (1808).

dans la qualité du style, mais dans la qualité de l'imagination¹ (cf. Leopardi, p. 68).

En ce qui concerne la poésie en général, je suis convaincu, plus j'y réfléchis, que lui | Moore | et nous tous — Scott, Southey, Wordsworth, Campbell, et moi — nous sommes tous dans l'erreur, aussi bien les uns que les autres ; que nous sommes attachés à une doctrine poétique, ou à *des* doctrines poétiques, mauvaises, révolutionnaires, qui ne valent pas le diable par elles-mêmes... J'ai pris les poésies de Moore, les miennes, et quelques autres, je les relisais parallèlement à celles de Pope, et j'étais réellement stupéfait — je n'aurais pas dû l'être — et mortifié de la distance inexprimable, au point de vue de la pensée, de l'harmonie, de l'effet, et même de l'*imagination*, de la passion et de l'*invention*, qui sépare le petit homme du temps de la reine Anne, de nous autres écrivains du Bas-Empire. Croyez-moi, c'est tout Horace d'un côté, et tout Claudien de l'autre, dans notre groupe ; et si j'avais à recommencer, je me refondrais en conséquence.

SUPÉRIORITÉ DE LA POÉSIE MORALE

Pour Byron, les éléments nouveaux que l'on fait entrer dans la poésie : la description, l'exotisme, le réalisme, tout cela est grossièrement objectif : il n'y a qu'une poésie, la poésie de l'âme, et l'occasion importe peu. Ce morceau remarquable est écrit vers la fin de sa courte carrière².

Selon moi, la plus noble de toutes les poésies, c'est la *poésie morale*, comme le plus noble de tous les sujets terrestres doit être la vérité morale... Cette poésie exige plus d'âme, plus de sagesse, plus de talent, que toutes les *forêts* où l'on va *errer* pour en faire la *description*... C'est la mode du jour de faire beaucoup d'embarras de ce qu'on appelle *imagination* et *invention*, les deux qualités les plus communes : un paysan Irlandais, avec un peu de whisky dans la tête, imaginera et inventera plus qu'il ne faut pour construire un poème moderne... — Qu'on laisse donc ce jargon sur la nature et les principes invariables de la poésie. Un grand artiste rendra un bloc de pierre aussi sublime qu'une montagne, et un bon poète mettra dans un paquet de cartes plus de poésie qu'il n'y en a dans les forêts de l'Amérique.

1. Byron, lettre du 15 septembre 1817 à Mr. Murray.
2. Id., *Letter... on... Bowles' Strictures on... Pope*, note.

LE RETOUR A LA POÉSIE NATIONALE

LE GOTHIQUE ET LA CHEVALERIE. LE GOTHIQUE OPPOSÉ AU CLASSIQUE: HURD. LE ROMAN GOTHIQUE: HORACE WALPOLE || LES ANCIENNES BALLADES: LE RECUEIL DE PERCY || LA POÉSIE LOCALE ET HISTORIQUE : WALTER SCOTT.

LE GOTHIQUE ET LA CHEVALERIE

Le haut romantisme anglais, tel qu'il affleure vers le milieu du XVIIIᵉ siècle, a un goût vague, mais vif, pour ce qui rappelle l'ancienne Angleterre de la fin du moyen âge et du XVIᵉ siècle ; on ne remonte guère plus haut. On aime les vieilles cathédrales, avec leur gothique flamboyant, les poèmes de Spenser, les traditions chevaleresques, et les ballades ou romances où l'on respire l'odeur du bon vieux temps.

LE GOTHIQUE OPPOSÉ AU CLASSIQUE : HURD

Pour les *Augustans*, pour un Addison, comme pour un Voltaire, le mot *gothique* était synonyme de barbare et même de ridicule. Bien avant les romantiques français, Horace Walpole[1] avait remis en honneur le style *gothique* et donné l'exemple en faisant (depuis 1750) de sa demeure de Strawberry Hill un extraordinaire fouillis d'architecture *gothique*, d'assez médiocre aloi d'ailleurs. Cet exemple avait frappé : il coïncidait avec la création des parcs anglais de Kent, opposés aux parterres français de Le Nôtre. Hurd conçoit l'idée d'un *monde gothique* opposé au *monde classique*. En littérature, ce monde gothique s'exprime dans les *romances* (cf. p. 16)[2] :

Les plus grands génies de notre pays et de l'étranger, comme l'Arioste et le Tasse en Italie, Spenser et Milton en Angleterre, ont été séduits par le caractère barbare de leurs ancêtres, ont été même charmés par les romances gothiques. Était-ce caprice ou absurdité de leur part ? Ou n'y a-t-il pas peut-être dans les romances

---

1. Horace Walpole (1717-1797), cosmopolite, dilettante, et classique de goûts, est surtout intéressé par l'architecture gothique et le romanesque qui s'y associe.
2. R. Hurd, *Letters...* — cité par Beers, p. 222.

gothiques quelque chose de particulièrement en rapport avec les vues du génie et les fins de la poésie ? L'esprit philosophique des modernes n'a-t-il pas été peut-être trop loin en les raillant et en les méprisant sans cesse ?

Le monde gothique, parallèle au monde homérique, lui est supérieur pour la bravoure des héros, leurs sentiments chevaleresques, le surnaturel. Homère, s'il eût connu ces mœurs, les eût préférées [1] :

La galanterie qui était l'âme des temps féodaux était de nature à fournir au poète des scènes plus belles, des sujets de description, à tous points de vue, plus beaux, que la barbarie rude et sans frein des Grecs... Il y avait une dignité, une magnificence, une variété dans le monde féodal, que l'autre ne possédait pas.

Ce qui a manqué à la littérature du moyen âge, c'est une langue, ce sont des écrivains dignes de leur temps [2] :

Les plus parfaits écrivains de la Grèce ont ennobli le système des mœurs héroïques, pendant qu'il était vivant et florissant ; et leurs ouvrages, étant des chefs-d'œuvre de l'art d'écrire, en ont fixé le crédit dans l'opinion du monde de telle sorte que ni le temps ni les révolutions du goût n'ont pu depuis l'ébranler. Tandis que les mœurs gothiques ayant' été défigurées dans leur enfance par de mauvais écrivains, et un ensemble de nouvelles mœurs s'étant développé avant que de meilleurs auteurs aient paru pour rendre justice aux premières, elles n'ont jamais pu être remises en vogue par les efforts de poètes plus récents.

L'Arioste, le Tasse, Spenser, sont venus trop tard : Hurd voudrait remonter au vrai moyen âge, retrouver une antiquité gothique à opposer à l'antiquité homérique.

LE ROMAN GOTHIQUE : HORACE WALPOLE

Le même Horace Walpole donnait le modèle du roman pseudo-gothique dans *Le Château d'Otrante, histoire gothique* (1765). Son roman d'ailleurs ne reposait sur aucune connaissance sérieuse du moyen âge. C'était une fantaisie d'un esprit curieux hanté par le *gothique* [3] :

Vous confesserai-je quelle a été l'origine de ce roman ? Au commencement du mois de juin dernier, un matin je m'éveillai d'un

---

1. Id., *ibid.* — p. 223.
2. Id., *ibid.* — p. 214.
3. *Letter to the Rev. W. Cole* (9 mars 1765) — cité par Beers , p. 236.

songe, dont tout ce que je puis me rappeler, c'est que je me croyais dans un ancien château (un songe bien naturel pour un cerveau rempli comme le mien d'histoires gothiques) ; et que, sur la balustrade supérieure d'un grand escalier, je voyais une main gigantesque revêtue d'un gantelet. Le soir, je m'assis et me mis à écrire, sans savoir le moins du monde ce que j'allais dire et raconter...

Le succès fut considérable, comme l'atteste Walter Scott, qui devait suivre, avec autrement d'expérience et de talent, la même voie[1] :

Ce roman a été justement considéré, non seulement comme l'original et le modèle d'une espèce particulière d'ouvrage essayée et exécutée avec succès par un homme d'un grand génie, mais comme un des ouvrages classiques de notre littérature légère.

Il eut une longue lignée (Clara Reeve, Lewis, Maturin, Anne Redcliffe) : directement ou indirectement, il est une source importante du romantisme ; et Gœthe, Byron attestent l'influence qu'il a eue sur eux.

LES ANCIENNES BALLADES

L'ancienne poésie anglaise mettait en scène les chevaliers, les dames, les exploits des anciens temps, dans les *Ballades*. Ces brefs poèmes anonymes, généralement en strophes de quatre demi-vers courts, avec leur rythme énergique, leur accent mâle et un peu rude, la simplicité surannée de leur vocabulaire et leur allure épique, charmaient dès le milieu du XVIIIe siècle ceux qui en avaient découvert quelques restes. Les Ballades furent un ferment de transformation dans la poésie anglaise. Vicesimus Knox[2] constatait le changement de l'opinion à cet égard[3] :

Les ballades populaires, composées par des ménestrels ignorants, et que la tradition a transmises de siècle en siècle, sont sorties des mains du vulgaire pour obtenir une place dans la bibliothèque des hommes de goût. Des vers qui, il y a peu d'années, n'étaient jugés dignes que de l'attention des enfants, ou de la classe la plus basse et la plus grossière, sont admirés maintenant pour cette simplicité, dépourvue d'art, qui jadis recevait le nom de grossièreté et de vulgarité.

---

1. Cité par Beers, p. 258.
2. Vicesimus Knox (1752-1821), ecclésiastique, juriste, homme de lettres, a beaucoup écrit en divers genres.
3. V. Knox. *On the Prevailing Taste for old English Poets* (1777) — cité par Perry, *Eighteenth Century Literature*, p. 401.

Il distingue déjà deux écoles, les classiques et les romantiques [1] :

D'un côté sont les partisans et les imitateurs de Spenser et de Milton ; de l'autre, ceux de Dryden, de Boileau et de Pope.

LE RECUEIL DE PERCY

Le monument essentiel en ce genre, et vers lequel les yeux se tournèrent aussitôt, est dû à Th. Percy [2]. Les *Reliques de l'ancienne poésie anglaise* [3] parurent en 1765 et furent republiées par l'auteur avec des additions jusqu'en 1794. Dans sa Préface de 1765, Percy montrait quelque timidité et quelque défiance à l'égard de l'accueil que l'on ferait à cette poésie demi-barbare [4] :

Dans un siècle éclairé comme le nôtre, je sais que beaucoup de ces reliques de l'antiquité auront besoin qu'une grande indulgence soit déployée en leur faveur. Néanmoins elles présentent, pour la plupart, une agréable naïveté, et des grâces sans art, qui dans l'opinion de critiques de valeur ont été jugées capables de compenser le manque de beautés d'un ordre plus élevé. Si elles ne peuvent éblouir l'imagination, on trouvera souvent qu'elles touchent le cœur.

Pour l'effet produit sur les romantiques, il suffit de citer W. Scott [5] :

La première fois que je pus mettre de côté quelques shillings, je m'achetai un exemplaire de ces volumes si aimés : et je ne crois pas que j'aie lu aucun livre la moitié aussi souvent ni avec la moitié autant d'enthousiasme.

La contribution de Percy au romantisme national ne se bornait pas à la publication des Ballades, d'antiquité d'ailleurs inégale, et, sous la forme qu'elles présentaient, pas très reculée. Il y joignait des introductions et un *Essai sur les anciens ménestrels en Angleterre*, dont des *Notes et Illustrations* doublaient l'étendue. Parmi les nombreuses références précises, citations, anecdotes, discussions historiques, on y trouvait ces mots [6] :

Les anciennes ballades chantées par les ménestrels sont en dialecte septentrional, abondent en termes et en locutions antiques,

---

1. Id., *ibid.*
2. Thomas Percy (1729-1811), évêque de Dromore, n'a pas laissé d'autres ouvrages que ses *Reliques*, avec les deux préfaces de 1765 et de 1794, et l'*Essay on the Minstrels*.
3. *Reliques of Ancient English Poetry, consisting of Old Heroic Ballads, Songs, and other Pieces of our earlier Poets (chiefly of the Lyric Kind), together with some few of the later date*, 3 vol., Dodsley, 1765.
4. Id., *ibid., Préface*.
5. Walter Scott, *Autobiography*.
6. Id., *An Essay on the Ancient Minstrels in England*, VII.

sont extrêmement incorrectes, et présentent les plus grandes licences métriques ; elles ont également un caractère romantique et sauvage, et expriment le véritable esprit de la chevalerie.

LA POÉSIE LOCALE ET HISTORIQUE : W. SCOTT

Ce qui n'était que sympathie pour le gothique et la chevalerie avec Hurd, fantaisie de dilettante avec Walpole, curiosité d'érudit avec Percy, devient réalité vivante, sous toutes ces influences combinées, mais avec, de plus, le sentiment profond et l'amour sincère des antiquités locales, avec Walter Scott[1].

SES IMPRESSIONS LOCALES ET SON INSPIRATION

Il a été élevé en Écosse, près du *Border,* où vivait le souvenir des anciennes luttes et des anciens héros. Il connaît de très près toutes les scènes de leurs exploits ; et les légendes guerrières ou chevaleresques ont bercé son enfance[2] :

Tandis que je façonne à de sauvages rythmes les légendes qui m'ont charmé tout enfant, si rudes qu'elles soient, avec le refrain me reviennent encore les pensées des temps anciens ; et des sentiments qui se sont élevés aux premiers jours de ma vie éclairent mes vers et me fournissent mes chants. Alors se dressent devant mes yeux ces rochers, cette crête de montagnes qui charmaient l'heure où s'éveillait mon imagination... — Et toujours, auprès du foyer, l'hiver, j'entendais de vieilles histoires de douleur et de joie, les dédains des amants, les sortilèges des magiciennes, les armes des guerriers...

De moi, ainsi nourri, exiges-tu le travail habile du poète classique ? Non, Erskine, non. Sur la colline sauvage laisse fleurir la sauvage fleur des bruyères. Farouches comme les nuages, comme les torrents, comme les tempêtes, coulez, coulez sans contrainte, mes contes !

---

1. Walter Scott (1771-1832), né à Edimbourg, nourri des vieux auteurs écossais ; ses premières admirations sont Ossian, le Tasse, Spenser, le recueil de Percy ; il s'occupe dès 1790 des mœurs des peuples du Nord, de questions concernant la féodalité, etc... ; il commence en 1792 à découvrir la littérature allemande, apprend l'allemand, lit *Lenore* et traduit l'autre ballade de Bürger, *Le Chasseur sauvage* (1796) ; s'exerce à traduire *Goetz de Berlichingen* (1799), donne la *Border Minstrelsy* (1802). Ses poèmes, dont le premier est *The Lay of the Last Minstrel,* vont de 1805 à 1817 ; ses romans (*Waverley Novels*) de 1814 à 1831.
2. Walter Scott, *Marmion : Introduction to Canto Third* — To W. Erskine, esq.

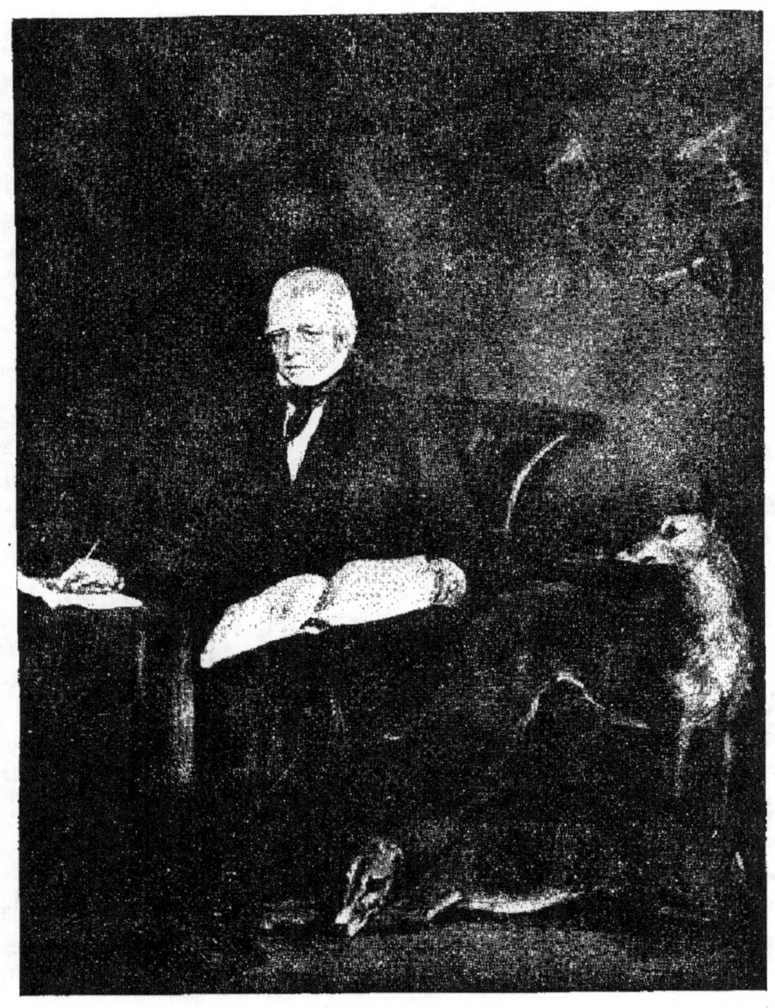

PORTRAIT DE SIR WALTER SCOTT

par Francis Grant (Galerie Royale d'Edimbourg)

L'ÉCRIVAIN TRAVAILLE DANS UNE SALLE VOÛTÉE,
ENTOURÉ D'ARMURES
QUI ÉVOQUENT LE PASSÉ FÉODAL ET GUERRIER DE L'ÉCOSSE

La tâche de toute sa vie a été de faire revivre, en vers d'abord, puis en prose, les anciennes traditions de sa patrie[1] :

Harpe du Nord !... harpe des ménestrels, faut-il que tes accents sommeillent toujours ? Parmi le bruissement des feuilles et le murmure des ruisseaux, faut-il que tes sons, plus doux encore, gardent le silence, ne demandent jamais au guerrier de sourire, n'enseignent plus à la jeune fille à pleurer ? — Non, aux jours antiques de la Calédonie, ta voix n'était pas muette dans l'assemblée nombreuse des festins !... — Réveille-toi encore une fois !... Ne sois plus silencieuse ! Enchanteresse, réveille-toi !

SES POÈMES ROMANTIQUES

Tel est le but qu'il a cherché à atteindre dans ses poèmes ou *romances* auxquels il a dû sa première renommée, plus exclusivement nationale que celle que lui ont donnée ses grands romans en prose. Sous l'influence d'Ossian, du recueil de Percy, des ballades de Bürger, et surtout du paysage écossais et des souvenirs qu'il évoque, Walter Scott sent la vocation d'être le poète de son pays. Il commence par publier *Les Ménestrels de la frontière écossaise* (1802-1803), puis il fait œuvre originale avec son *Chant du dernier des Ménestrels* (1805). C'est un genre qu'il crée, le *poème romantique,* si longtemps attendu et pas encore réalisé[2] :

Le poème que l'on offre au public est destiné à illustrer les coutumes et les mœurs qui régnaient autrefois aux confins de l'Angleterre et de l'Écosse. Les habitants, vivant dans un état en partie pastoral et en partie guerrier, et combinant des habitudes de pillage continuel avec l'influence d'un rude esprit de chevalerie, étaient souvent engagés dans des scènes tout à fait susceptibles d'ornements poétiques. Comme le but de l'auteur était plutôt la description du paysage et des mœurs qu'une narration combinée et régulière, le plan de l'ancienne romance en vers a été choisi : il accorde plus de latitude, à cet égard, que celle qui convient à la dignité d'un poème régulier... Il en est de même du surnaturel : emprunté aux croyances populaires, il aurait semblé puéril dans un poème qui n'aurait pas participé de la rudesse de l'ancienne ballade ou romance en vers.

Le poème romantique, romance ou roman en vers (*Metrical Romance*), puise son sujet dans la légende, ou dans l'histoire tant que celle-ci est

---

1. Id., *The Lady of the Lake. Canto First. The Chase* [début].
2. Id., *The Lay of the Last Minstrel.* — Préface [en prose].

poétique (c'est-à-dire, pour l'Écosse, jusqu'au XVIe siècle) ; libre d'allures, d'étendue médiocre, il emploie à son gré le surnaturel germanique ou chrétien ; il décrit les mœurs chevaleresques dont l'Arioste donnait la caricature et Cervantès la parodie, mais il les décrit avec une précision toute locale, avec une exactitude dans les noms, les lieux, les usages, qui faisaient défaut au Tasse et à Spenser. W. Scott précise son idéal dans la préface d'un des derniers poèmes [1] :

D'après l'idée de l'auteur sur le poème romantique, comme distinct de l'épopée, le premier comprend une narration fictive, construite et combinée d'après le bon plaisir de l'auteur, commençant et finissant où il le juge préférable ; qui n'exige ni ne refuse l'aide du surnaturel ; qui est libre des règles techniques de l'épopée... La date peut en être prise dans un temps très éloigné ou de nos jours ; l'histoire peut raconter les aventures d'un prince ou d'un paysan.

LA RENAISSANCE DE LA POÉSIE NATIONALE

Le plus fameux, *Marmion,* débute par un morceau important où l'auteur insiste sur l'intérêt permanent de la poésie chevaleresque [2] :

Seul tu peux, mon ami, dire avec vérité (car peu d'hommes ont lu aussi bien que toi nos romances) combien ces chants légendaires conservent encore d'empire sur l'âme du poète ; comme sur les accents des anciens ménestrels le temps pose en vain sa main paralysée ; et comment nos cœurs, devant les prouesses qu'accomplissent les guerriers sous le harnais d'acier, palpitent encore de terreur et de pitié. Il en est ainsi, lorsque le Champion du Lac pénètre dans le palais enchanté de Morgane, ou que dans la Chapelle du Péril, dédaignant les sortilèges et la puissance des démons, il s'entretient avec le cadavre non enseveli... — Les plus puissants chefs de la poésie britannique n'ont pas dédaigné de prolonger de telles légendes. Elles rayonnent à travers le rêve féerique de Spenser, elles s'insinuent dans le sujet céleste de Milton. Et Dryden, en des accents immortels, aurait relevé la Table Ronde, si un roi, si une cour débauchée ne lui avaient commandé de consacrer ses travaux à leur divertissement ; n'avaient exigé, pour leur mesquin salaire, des chants plus libres, plus appropriés à leurs âmes : des satires licencieuses, des chansons, des comédies ; et le monde, frustré de son noble dessein, profanait cette puissance, donnée par Dieu, et souillait cette

---

1. Id., *The Bridal of Triermain : Preface to the first edition,* 1813.
2. Id., *Marmion : Introduction to Canto First* (1808) — To William Stewart Rose, esq.

fière poésie. Échauffés par ces grands noms, nous pouvons donc bien, quoique nous soyons les fils chétifs d'une génération plus faible, essayer de rompre une faible lance dans les champs poétiques des vieilles romances ; ou chercher, au fond du château cerclé de fossés, la cellule où si longtemps, enchaîné par les talismans et les incantations, pendant que régnaient les tyrans, et que les damoiselles pleuraient, ton génie, ô Chevalerie, a sommeillé. Et là, faire retentir les harpes du Nord, jusqu'à ce qu'il s'éveille et s'élance au dehors pour courir de nouveau à la quête des aventures, dans son armure complète, avec tout son équipage, écu, lance, épée, panache, écharpe, fée, géant, dragon, écuyer, nain, enchanteur avec ses baguettes magiques, damoiselle errante sur son blanc palefroi...

A la fin de sa longue carrière de romancier, Walter Scott revenait encore sur ce sujet dans deux morceaux considérables qui se complètent l'un l'autre, mais d'une manière purement historique cette fois [1].

1. Id., *On the Imitation of Ancient Ballads.* — *Introductory Remarks on Popular Poetry* (1830).

CHAPITRE III
LA POÉSIE DE LA NATURE
ET DE LA VIE RURALE

LA DOCTRINE DE WORDSWORTH : UNE POÉSIE NOUVELLE. UN NOUVEAU STYLE POÉTIQUE. DES SUJETS EMPRUNTÉS A LA VIE SIMPLE. LE SENTIMENT DE LA NATURE ‖ COLERIDGE ET LES BALLADES LYRIQUES.

LA DOCTRINE DE WORDSWORTH

Au cours du XVIIIe siècle, des œuvres intéressantes avaient à plusieurs reprises tenté de réagir contre la poésie exclusivement abstraite, citadine et mondaine de l'âge classique. Les poètes descriptifs (depuis Thomson, *Les Saisons*, 1726-30), intimistes (Cowper), réalistes (Crabbe), fournissaient chacun quelques éléments précurseurs du romantisme. Mais il leur manquait l'âme romantique, mystique ou passionnée, et le style, affranchi des exigences et des conventions classiques. De plus, leurs innovations étaient peu conscientes. Il était réservé aux *Ballades Lyriques* [1] de Wordsworth et Coleridge (septembre 1798), d'apporter à la fois des sentiments nouveaux, une diction nouvelle, et des vues constituant une poétique nouvelle. Aussi ce volume et cette date sont-ils regardés comme d'importance primordiale dans l'histoire du romantisme anglais. — La plupart des pièces (vingt sur vingt-trois) étaient de Wordsworth [2], et c'était celles qui étonnèrent le plus. De ces pièces elles-mêmes, et surtout des célèbres *Observations* qu'il mit en tête de la seconde édition, plus complète, de 1800, se dégage une véritable doctrine sur les fins, le style et le sujet de la poésie telle qu'il la préconise.

UNE POÉSIE NOUVELLE

Le lecteur de ces poèmes doit être frappé d'abord par leur caractère de nouveauté et de hardiesse [3] :

1. *Lyrical Ballads*, Bristol, Cottle, 1798.
2. William Wordsworth (1770-1850) donne son premier recueil de vers en 1793, fait la connaissance de Coleridge en 1797 ; de leurs conversations et de leurs travaux communs naissent les *Lyrical Ballads*, republiées et complétées en 1800 avec les *Observations* de Wordsworth, auxquelles l'*Appendix on Poetic Diction* (1815) n'ajoute rien d'important. Son grand poème, *The Excursion*, est de 1814 ; autres recueils de vers en 1807, 1815, 1819, 1822, 1835, 1842. Le *Prelude*, œuvre de jeunesse, est posthume.
3. *Observations prefixed to the second edition of the Lyrical Ballads* (1800).

On admet que, par le fait d'écrire en vers, un auteur s'engage formellement à favoriser certaines habitudes d'associations d'idées ; qu'il informe le lecteur non seulement que certaines catégories d'idées et d'expressions se trouveront dans son livre, mais que d'autres en seront soigneusement exclues... Je suis certain que beaucoup de personnes estimeront que je n'ai pas rempli les termes d'un engagement aussi expressément contracté. Ceux qui sont accoutumés au clinquant et à la vaine phraséologie de maints écrivains modernes, s'ils persistent à lire ce volume jusqu'à la fin, auront sans nul doute à lutter fréquemment contre une impression d'étrangeté et de gaucherie ; ils chercheront la poésie sans la trouver, et seront amenés à se demander par quelle bienveillance on pourrait bien donner ce titre à des tentatives semblables.

Contre la poésie classique, Wordsworth se pose nettement en fondateur d'une école nouvelle, dont le premier caractère est de parler le langage réel des hommes :

Plusieurs de ces poèmes ont été publiés à titre d'expérience ; il m'a paru qu'il pourrait être de quelque utilité de constater jusqu'à quel point, en soumettant à la forme du vers des éléments empruntés au langage réel des hommes dans un état de vive sensibilité, le poète peut provoquer l'espèce et le degré de plaisir qu'il peut raisonnablement s'attendre à faire naître... Plusieurs de mes amis attendent avec anxiété le succès de ces poèmes, parce qu'ils pensent que, si les idées qui en ont dirigé l'exécution étaient réalisées, il pourrait y avoir place pour un genre de poésie fort propre à intéresser l'humanité d'une manière permanente, et qui ne serait pas sans importance dans la multiplicité et la qualité de ses rapports moraux...

UN NOUVEAU STYLE POÉTIQUE

Wordsworth rejette absolument le soi-disant style poétique, avec ses personnifications, que la langue anglaise rend particulièrement faciles, ses métaphores, sa mythologie, son vocabulaire spécial. La poésie pour lui est un état de l'âme, elle n'est pas un langage artificiel :

Le lecteur remarquera que les personnifications d'idées abstraites se trouvent rarement dans ces volumes ; et, je l'espère, sont rejetées comme procédé ordinaire pour élever le style, et le mettre au-dessus de la prose. Je me suis proposé de pénétrer, et, autant qu'il est possible, d'adopter le langage même des hommes ; et, assurément, de telles personnifications ne constituent pas un élément naturel ou régulier de ce langage. Elles sont, à la vérité, une forme de langage occasionnellement employée par la passion, et j'en ai fait usage comme telles ; mais j'ai tenté de les rejeter complètement comme procédé mécanique de style, ou en tant que langage traditionnel, sur lequel les écrivains en vers auraient un droit héréditaire. J'ai souhaité de maintenir mon lecteur en la compagnie d'êtres de chair et de sang, persuadé qu'en agissant ainsi je pourrais l'intéresser... On trouvera donc, dans ces pièces, peu de ce qu'on appelle communément *style poétique* ; j'ai pris autant de peine pour l'éviter que d'autres en prennent ordinairement pour en faire étalage. J'ai agi ainsi... parce que le plaisir que je me suis proposé de procurer est d'une espèce très différente de ce que beaucoup de personnes supposent être l'objet propre de la poésie... Je me suis à chaque instant appliqué à tenir les yeux fixés invariablement sur mon sujet ; en conséquence, j'espère qu'il y a dans ces poèmes peu de fausseté dans les descriptions, et que mes idées s'expriment dans le langage qui convient à leur importance respective... J'ai gagné forcément quelque chose à cette ligne de conduite, c'est-à-dire du bon sens ; mais elle m'a nécessairement interdit une grande quantité de locutions et de figures qui de père en fils ont été longtemps regardées comme l'héritage commun des poètes. J'ai même cru convenable de me restreindre encore davantage, et je me suis abstenu d'user de maintes expressions en elles-mêmes exactes et belles, mais qui ont été sottement répétées par de mauvais poètes, au point qu'elles sont associées à des impressions de dégoût, qu'il est presque impossible à aucune combinaison nouvelle de détruire.

DES SUJETS EMPRUNTÉS A LA VIE SIMPLE

Plus encore que par la forme, on était choqué par la simplicité, la vulgarité même des histoires que contait Wordsworth dans la plupart de ses *Ballades* (*Nous sommes sept*, *Anecdote pour les Pères*, *La Mère folle*, *Le Petit Idiot*, etc...). De là les critiques méprisantes des Revues, et le dédain complet du public. Wordsworth proclamait qu'il y a de la poésie partout, et que le vrai poète sait la tirer des sujets les plus humbles :

Le principal objet que je me suis proposé dans ces poèmes a été de choisir des scènes et des situations empruntées à la vie journalière, et de les rapporter ou de les décrire aussi complètement que possible, au moyen du langage réellement employé par les hommes ; et en même temps de répandre sur elles un certain coloris d'imagination, par lequel des choses ordinaires seraient présentées à l'esprit d'une manière non commune. De plus, et par-dessus tout, de rendre ces scènes et ces situations intéressantes en reproduisant en elles, avec vérité quoique sans affectation, les lois primordiales de notre nature : particulièrement, en ce qui concerne la manière dont nous associons les idées dans un état d'émotion.

C'est être utile aux hommes que de les rendre sensibles à la poésie contenue dans les petites choses :

Car l'esprit humain est susceptible d'excitation sans recourir à des stimulants grossiers et violents ; et c'est n'avoir qu'une bien imparfaite notion de sa beauté et de sa dignité, que d'ignorer cela, et d'ignorer également qu'un être s'élève au-dessus d'un autre à proportion qu'il possède cette capacité.

Il écrit dans le même sens à Southey, quelque vingt ans plus tard, en lui dédiant son *Peter Bell* [1] :

Le poème de *Peter Bell*... a été composé dans l'opinion que non seulement l'imagination n'exige pas pour s'exercer l'intervention d'agents surnaturels, mais que, même en excluant de tels agents, cette faculté peut être éveillée aussi impérieusement, et avec un plaisir pareil, par des incidents qui restent dans la limite des probabilités poétiques, et qui appartiennent aux régions les plus humbles de la vie quotidienne.

Il marquait les raisons de son opinion sur ce point dans le passage suivant [2]

J'ai choisi en général la vie vulgaire et rustique, parce que, dans cette condition, les passions essentielles du cœur trouvent un sol plus propice pour atteindre leur maturité, se trouvent moins contraintes, et parlent un langage plus simple et moins emphatique ; parce que dans cette manière de vivre nos sentiments élémentaires coexistent dans un état de plus grande simplicité, et par conséquent peuvent être examinés avec plus de détail et communiqués avec plus de force ; parce que les mœurs de la vie rurale ont pour germes ces sentiments élémentaires, et, par suite du caractère de nécessité des occupations rurales, sont plus aisées à saisir et plus durables ; enfin, parce que dans cette condition les passions des hommes font corps avec les formes belles et éternelles de la nature. — J'ai adopté également le langage de ces hommes (purifié, à la vérité, de ce qui apparaît comme de réels défauts, de tout ce qui engendre d'une manière durable et raisonnable le mécontentement et le dégoût), parce que ces hommes sont à chaque instant en communication avec les

---

1. Id., *Peter Bell, A Tale.* — To Robert Southey, esq. ; Rydal Mount. April 7, 1819.
2. Id., *Observations...*

meilleurs objets d'où la meilleure part du langage est dérivée originellement ; et parce que, par suite du rang qu'ils occupent dans la société et du cercle étroit de leurs relations, ils expriment leurs sentiments et leurs idées d'une manière simple et sans apprêt. Aussi un tel langage, né de l'expérience répétée et de sentiments normaux, est-il plus permanent et bien plus philosophique que celui que les poètes lui substituent le plus souvent. Ils pensent conférer de la dignité à eux-mêmes et à leur art, à proportion qu'ils se séparent des sympathies des hommes, et qu'ils se plaisent à des habitudes d'expression arbitraires et capricieuses, pour fournir un aliment à des goûts éphémères, à des appétits éphémères, qu'ils ont créés eux-mêmes.

Il prendra volontiers pour héros les braves gens de la campagne, dédaignés des poètes classiques[1] :

Ce n'est pas pour les insensibles, les faux raffinés, les gens aux goûts vétilleux et à l'âme étroite, pour les petits critiques maniant leur plume délicate, que je chante le vieil Adam, honoré entre tous les vieillards.

LE SENTIMENT DE LA NATURE

Mais de tels sujets ne peuvent dégager ce qu'ils contiennent de poésie latente qu'à l'observateur patient, attentif et silencieux. Les poètes, avant lui, ont trop lu et pas assez médité. D'où ce dialogue qu'un de ses courts poèmes suppose entre un de ses amis et lui[2] :

Pourquoi, William, sur cette vieille pierre grise, pendant toute une longue demi-journée, pourquoi, William, restes-tu assis seul, et perds-tu le temps à rêver ?

Où sont tes livres ? — cette lumière léguée à des êtres qui autrement seraient délaissés et aveugles ? Debout ! debout ! Bois cette liqueur que les morts transmettent à leurs descendants…

— L'œil ne peut faire autrement que de voir ; l'oreille, nous ne pouvons lui ordonner d'être sourde ; nos corps sentent, où qu'ils se trouvent, avec ou contre notre volonté.

Je crois de même qu'il est des puissances qui marquent leur empreinte sur nos âmes ; et que nous pouvons nourrir notre âme en une sage passivité.

Crois-tu que parmi cette masse imposante de choses qui parlent éternellement, crois-tu que rien ne viendra à nous de soi-même, et que nous devions toujours chercher ?

1. Id., *The Farmer of Tilsbury Vale*. — (*Poems referring to the Period of old Age.*)
2. Id., *Expostulation and Reply*. — (*Poems of Sentiment and Reflection*, I.)

Ne me demande donc pas pourquoi, ici, seul, conversant à ma manière, je suis assis sur cette vieille pierre grise, et pourquoi je perds mon temps à rêver.

Grâce à cette contemplation intense du monde naturel, grâce à l'observation minutieuse de la vie rurale, les aspects les plus divers du paysage sont pénétrés avec une infinie délicatesse, les scènes rustiques sont suivies et retracées. Ce goût remonte aux premiers jours du poète ; il ne cesse, avec les années, de se fortifier et de se perfectionner[1] :

Mon cœur bondit quand je regarde un arc-en-ciel dans les airs : il en était ainsi quand ma vie commença ; il en est de même aujourd'hui que je suis homme ; puissé-je être de même quand je vieillirai, ou laissez-moi mourir !

[2] Grâces à ce cœur humain par lequel nous vivons, grâces à sa tendresse, à ses joies, à ses craintes, la plus humble fleur qui s'ouvre me donne des pensées souvent trop profondes pour faire jaillir des larmes.

Partout s'affirme ce culte de la nature qui est pour Wordsworth la source de toute vraie poésie, comme de toute saine morale.

COLERIDGE ET LES BALLADES LYRIQUES

Des deux auteurs du recueil, c'est Coleridge[3] qui était incontestablement le plus romantique par son caractère, son talent et ses idées. Mais sa *Biographia Literaria* et ses autres œuvres critiques ne fournissent pas une doctrine liée comme celle de Wordsworth. Voici comment il expose l'origine de leur recueil commun[4] :

L'ORIGINE DES BALLADES LYRIQUES

Pendant la première année que M. Wordsworth et moi nous fûmes voisins, nos conversations revinrent bien souvent à ces deux points cardinaux de la poésie, la faculté d'éveiller la sympathie du lecteur par une adhésion fidèle à la vérité naturelle, et celle de lui

---

1. Id., *Poems referring to the Period of Childhood*. I.
2. Id., *Ode : Intimations of Immortality from Recollections of early Childhood*.
3. Samuel Taylor Coleridge (1772-1834) publie son premier recueil de vers en 1796, se lie avec Wordsworth en 1797 ; dans les *Lyrical Ballads* donne *The Rime of the Ancient Mariner*, type du poème romantique, et *The Nightingale* : dans la deuxième édition (1800), *Love* ; commence d'autre part dès 1797 *Christabel* et *Kubla Khan* (publiés en 1815) ; voyage en Allemagne avec Wordsworth et sa sœur Dorothy, s'initie à la langue et à la philosophie allemande, traduit de Schiller *Wallenstein* (moins *Le Camp*). Son dernier bon poème étant de 1802, Coleridge marque tout à fait l'apogée du romantisme.
4. Id., *Biographia Literaria* (1817), chapitre XIV.

donner l'intérêt de la nouveauté en la modifiant par le coloris de l'imagination. Le charme imprévu que les accidents de la lumière et de l'ombre, que le clair de lune ou le coucher du soleil répandent sur un paysage connu et familier, nous semblaient démontrer la possibilité de combiner ces deux éléments. C'est là la poésie naturelle. — La pensée nous vint (à qui de nous deux, je ne m'en souviens pas) que l'on pourrait composer une série de poèmes appartenant à deux genres différents. Dans l'un, les incidents ou les acteurs seraient, en partie au moins, surnaturels ; et l'idéal que l'on chercherait à atteindre serait d'intéresser aux affections par la vérité dramatique des émotions qui accompagneraient naturellement de telles situations en les supposant réelles. Et elles ont été réelles en ce sens pour tout être humain qui, quelle que fût l'origine de son illusion, s'est cru un jour sous l'influence d'agents surnaturels. Pour le second genre de poèmes, les sujets en seraient pris dans la vie ordinaire ; les caractères et les événements seraient ceux qui se rencontrent dans un village quelconque et dans ses environs, toutes les fois qu'une âme méditative et sensible est là pour les chercher, ou pour les remarquer quands ils se présentent d'eux-mêmes.

COLERIDGE JUGE DE LA DOCTRINE DE WORDSWORTH

Il y avait dans la doctrine de Wordsworth deux éléments à distinguer. L'un était commun à tous les romantiques, et plus spécialement au groupe de ceux que l'on a appelés *lakists* [1]. C'était la réaction contre l'esprit et le goût classique, la poétique du sentiment et de la sincérité. L'autre était particulier à Wordsworth : c'était la croyance que le langage des classes inférieures est plus sincère et plus vrai, partant, plus poétique que tout autre. Coleridge, dans les passages importants que sa *Biographia Literaria* consacre à l'œuvre et aux idées de son ami, approuve la première partie de la doctrine [2] :

Tant que M. Wordsworth dans sa préface combat, et avec beaucoup d'habileté, en faveur d'une réforme de notre style poétique ; tant qu'il démontre la vérité de passion et la réalité dramatique, dans les poètes originaux, de ces mêmes images et métaphores qui, dépouillées de leurs raisons légitimes et transformées en artifices purs et simples pour relier et pour orner, donnent cette impression caractéristique de fausseté au style poétique des modernes ; et

---

1. *The Lake School, lakists*, en français *lakistes*, parce que Wordsworth, Coleridge et Southey ont habité ensemble ou séparément, et pendant des périodes plus ou moins longues, les bords des lacs du Cumberland et du Westmoreland (*Lake District*).
2. Id., *ibid.*, chapitre XVII.

tant que, avec autant de perspicacité que de clarté, il explique par quelles transformations successives ce changement s'est opéré, et fait voir les analogies entre l'état d'esprit qui résulte d'une agréable confusion de la pensée, par suite d'une succession inaccoutumée de mots et d'images, et celui que provoque le langage naturel du sentiment passionné : il entreprend une tâche utile, et ne mérite que des éloges, soit pour la conception, soit pour l'exécution.

•Mais il fait sur l'autre les plus expresses réserves. Les personnages ne sont pas intéressants par leur genre de vie, mais malgré leur genre de vie. Leur communion avec les grands spectacles de la nature qui les entoure, chimère :

Il est évident pour moi que dans les plus intéressants de ces poèmes, les personnages ne sont nullement empruntés à la vie vulgaire et rustique dans l'acception commune de ces mots ; et il n'est pas moins évident que les sentiments et le langage, en tant qu'on peut concevoir qu'ils ont été réellement empruntés à l'âme et à la conversation de personnages analogues, sont attribuables à des causes et à des circonstances qui ne sont pas nécessairement liées avec « leurs occupations et leur résidence ». Les idées, les sentiments, le langage et les mœurs des fermiers-pasteurs dans les vallées du Cumberland et du Westmoreland, en tant qu'ils sont imités exactement dans ces poésies, peuvent s'expliquer par des causes qui produiront et qui produisent les mêmes résultats dans n'importe quelle manière de vivre, à la ville ou à la campagne... — D'autre part, dans les poèmes qui sont écrits dans une clef plus basse, les sentiments sont ceux de la nature humaine en général. Mais le poète a judicieusement placé la scène à la campagne, pour se placer dans le voisinage de tableaux intéressants, sans qu'il soit nécessaire d'attribuer une perception sentimentale de ces beautés aux personnages de son drame.

A CONSULTER. — T. S. PERRY. *English Literature in the Eighteenth Century*, New-York, 1895 ; Leslie STEPHEN, *History of the English Thought in the 18ᵗʰ Century*, Londres, 1881, 2 vol. in-8 ; W. L. PHELPS, *The Beginnings of the English Romantic Movement*, Boston et Londres, 1893 ; Henry A. BEERS, *A History of English Romanticism in the Eighteenth Century*, New-York, 1906 ; ID.. *A History of English Romanticism in the Nineteenth Century*, New-York, 1902 ; Alois BRANDL, *Samuel Taylor Coleridge und die Englische Romantik*, Berlin, 1886, in-8 ; C. H. HERFORD, *The Age of Wordsworth*, Londres, 1901 ; Sidney COLVIN, *Keats* [English Men of Letters] ; MYERS, *Wordsworth* [id.] ; NICHOL, *Byron* [id.] ; J. A. SYMONDS, *Shelley* [id.] ; H. D. TRAILL, *Coleridge* [id.] ; WALTER RALEIGH, *Wordsworth*, Londres, 1902 ; J. DYKE CAMPBELL, *Coleridge*, Londres, 1895 ; A. ANGELLIER, *Robert Burns*, Paris, 1893 ; 2 vol. in-8 ; E. LEGOUIS, *La Jeunesse de W. Wordsworth*, Paris, 1896, in-8 ; C. CESTRE, *La Révolution française et les poètes anglais*, Paris, 1907, in-8 ; J. AYNARD, *Coleridge*, Paris, 1908.

DEUXIÈME PARTIE

LE MOUVEMENT ROMANTIQUE
EN ALLEMAGNE

CARACTÈRES GÉNÉRAUX

Pour trouver en Allemagne l'équivalent le plus approché possible de l'âge romantique tel que nous le trouvons en France et jusqu'à un certain point en Angleterre, comme réaction contre l'âge classique et l'esthétique du xviii⁰ siècle français, il faudrait considérer toute la période qui va des débuts de Klopstock à la mort de Gœthe (1748-1832). Mais cette longue et riche période, au cours de laquelle la littérature allemande, dégagée de l'imitation française, trouve ses véritables voies et produit la plupart de ses chefs d'œuvre, est son âge d'or, son siècle classique. Il faudrait tout au moins appeler romantique le mouvement du groupe poétique de Göttingen (1772), et surtout celui de la période *d'orage et d'assaut* (*Sturm und Drang*) entre 1770 et 1780. Mais ces divers éléments, qui se rapprocheraient aisément de certains romantismes européens, ne sont pas le romantisme allemand. Celui-ci est bien postérieur au *Werther* et au *Götz* de Gœthe, comme aux *Brigands* de Schiller (1774, 1773, 1781).

Le nom de *romantiques* est réservé en Allemagne à un certain groupe d'écrivains qui se sont à eux-mêmes donné ce titre que l'histoire littéraire leur a conservé. On comprend donc sous le terme de *romantisme* ou d'*école romantique* (*die Romantik, die Romantische Schule*) un ensemble d'idées, d'œuvres et d'hommes qui s'encadrent dans la grande période classique. Les romantiques allemands sont nés entre 1767 et 1781 ; leurs ouvrages, dans la mesure où ils appartiennent au romantisme, s'échelonnent de 1795 à 1816 environ, et sont par conséquent contemporains de beaucoup de grandes œuvres de Gœthe et de Schiller. On distingue communément la première école romantique, celle d'Iéna et de Berlin, dont l'apogée se place entre 1798 et 1804 ; elle est composée principalement des frères Schlegel, de Novalis, de Tieck, et a des rapports étroits avec les philosophes Fichte et Schelling, avec le théologien Schleiermacher ; — et la seconde école romantique, celle de Heidelberg (1806-1810), représentée surtout par Arnim, Brentano et Görres. La division qu'on trouvera adoptée ici tient compte implicitement de cette distinction, en ce sens que les idées particulières du second romantisme sont surtout contenues dans le chapitre III.

Le romantisme allemand compte moins d'artistes purs et de poètes inspirés que de philosophes, de professeurs, de critiques littéraires. A la différence du romantisme anglais, il abonde moins en chefs-d'œuvre qu'en théories. Il n'a peut-être pas produit une œuvre maîtresse ; par contre, il est extrêmement riche en idées, en aperçus, en nouveautés historiques, littéraires ou morales. Plus instruits et plus laborieux que leurs émules des autres pays, ses fondateurs l'ont orienté vers de multiples conquêtes. S'il a peu ou mal fait ce qu'il prétendait surtout faire, s'il n'a pas doté l'Allemagne d'un lyrisme ou d'un drame supérieurs, il a en revanche engendré la germanistique, le folklore, renouvelé l'histoire littéraire, recréé le sentiment du moyen âge et de son art, ouvert toutes les fenêtres sur l'étranger, contribué au grand mouvement patriotique de la libération (1813-15), plaidé pour les droits du mysticisme et souvent du catholicisme, etc...

Une telle œuvre ne se laisse pas résumer en quelques formules. Les romantiques allemands, gens, pour la plupart, d'analyse et de réflexion, ont exprimé eux-mêmes leurs idées ou leurs tendances en de très nombreux passages. Dans l'ample variété des matériaux qui s'offraient, il a fallu choisir et, négligeant les influences diverses et les ramifications, tâcher de saisir le romantisme allemand dans ses quelques idées dominantes, dans les textes où s'exprime le mieux son essence. On trouvera ces textes groupés en trois divisions, qui vont du plus général au plus particulier, des conceptions philosophiques sur le sentiment et la poésie aux détails les plus précis sur les sources où doit puiser la nouvelle littérature.

CHAPITRE I

LA POÉSIE ROMANTIQUE

RÉACTION CONTRE LE RATIONALISME : WACKENRODER ET TIECK. RELATIVITÉ ET LIBERTÉ DE L'ART. VARIÉTÉ ET UNITÉ DE LA POÉSIE. LE SENTIMENT PRÉFÉRABLE A LA RAISON.| LA POÉSIE ROMANTIQUE SELON NOVALIS : NATURELLE, PERSONNELLE, SYMBOLIQUE, MYSTIQUE. TIECK : L'IRONIE; LA MUSIQUE.

RÉACTION CONTRE LE RATIONALISME

Le romantisme allemand est, avant tout, ce qu'avaient déjà été plus faiblement les mouvements analogues qui l'avaient devancé dans le même pays, une réaction contre le rationalisme de ce qu'on peut appeler l'*âge des lumières* (*Aufklärungsperiode*). Il prend le contre-pied de ce qu'ont de commun entre eux Voltaire, Johnson et Lessing, de ce qui fait l'orgueil du XVIIIe siècle, du rationalisme critique, intellectuel et logique. Dès les premières œuvres du romantisme, les novateurs portent la réfutation sur les points essentiels. Trois jeunes gens presque exactement contemporains, et que rapproche la communauté des aspirations poétiques, Wackenroder, Tieck et Novalis, les deux premiers liés dès 1793, le troisième qui remplace Wackenroder dans l'amitié de Tieck, ont parfaitement conscience de l'élargissement souhaitable de l'art, de l'insuffisance et de la sécheresse de toute poésie fondée surtout sur la raison, asservie au bon goût, et insuffisamment différenciée de la prose.

RELATIVITÉ ET LIBERTÉ DE L'ART : WACKENRODER

Wackenroder[1] dès 1797, dans son ouvrage anonyme, *Épanchements intimes d'un religieux ami des arts*, oppose à la théorie classique du beau absolu l'idée que le beau est relatif aux pays et aux mœurs[2] :

Si ton âme était éclose quelques centaines de lieues plus loin vers

---

1. Wilhelm. Heinrich Wackenroder (1773-1798), dès sa quinzième année ami de Tieck, voyage avec lui, découvre Nuremberg (1793), Hans Sachs et le vieil art allemand. Il avait émis plusieurs des idées ou sentiments que Tieck devait exprimer dans ses *Phantasien* (1799) et dans *Franz Sternbald* (1798).

2. Wackenroder, *Herzensergiessungen eines kunstliebenden Klosterbruders*, Berlin, 1797, in-18, p. 103-105. Le morceau est intitulé : *Einige Worte über Allgemeinheit, Toleranz und Menschenliebe in der Kunst.*

l'Orient, sur le sol de l'Inde, tu éprouverais devant les petites idoles bizarres, aux bras innombrables, les sentiments qu'inspire un esprit mystérieux, caché à nos sens, qui pour toi les animerait, et devant la statue de la Vénus de Médicis, tu ne ressentirais que de l'indifférence... — Le sentiment artistique est un seul et même rayon lumineux, venu du ciel, qui, en traversant le cristal taillé en mille façons différentes de notre sensibilité, se brise et se réfracte suivant les contrées en mille couleurs différentes.

La beauté, une dans son essence, est donc multiple dans ses formes, et il est absurde de légiférer sur une matière insaisissable qui à chaque instant se modifie :

Beauté ! mot étrange et mystérieux ! Inventez d'abord des termes nouveaux pour chacune des diverses impressions d'art, pour chacun des divers ouvrages de l'art ! Dans chacun se jouent des couleurs différentes, et, pour chacun, des nerfs différents ont été créés dans le corps de l'homme. — Mais vous, vous tirez de ce mot unique, par des artifices de raisonnement, un rigoureux *système* ; vous voulez contraindre toute l'humanité à sentir d'après vos préceptes et vos règles ; vous-mêmes, vous ne sentez rien [1]... L'intolérance du sentiment est encore plus insupportable que l'intolérance de la raison ; mieux vaut la *superstition* que l'esprit de système.

Toutes les formes d'art ont un droit égal : il faut tout comprendre pour tout aimer ; le moyen âge a autant de beauté dans son genre que l'antiquité dans le sien :

L'art doit être considéré comme la fleur de l'âme humaine. Sous des aspects infiniment variés, elle s'élève vers le ciel des zones les plus diverses de la terre, et vers le Père commun des hommes, qui tient dans sa main le globe avec tout ce qui le revêt, monte de toutes ces gerbes un seul parfum délicieux... Le temple gothique lui plaît autant que le temple grec ; et la rude musique de guerre des sauvages a pour lui des accents aussi agréables que les chœurs les plus savants et que les cantiques... — Pourquoi ne condamnez-vous pas l'Indien, parce qu'il parle indien, et ne s'exprime pas en notre langue ? Et pourtant vous voulez condamner le moyen âge, parce qu'il n'a pas construit des temples pareils à ceux de la Grèce ! Comprenez donc que chaque être ne peut créer des formes d'art que d'après les facultés qu'il a reçues du ciel, et que les créations de chacun doivent être en rapport avec lui. Si vous ne

1. Comparez Keats, p. 7.

pouvez pas pénétrer dans les *sentiments* de tant d'êtres étrangers à vous, et, en passant par leur cœur, arriver à *sentir* leurs œuvres : cherchez du moins, en vous servant de l'intelligence comme chaînon intermédiaire, à arriver indirectement à cette perception.

VARIÉTÉ ET UNITÉ DE LA POÉSIE : TIECK

Il y a donc, hors des étroites bornes du goût classique et de l'imitation des anciens, des formes innombrables de poésie qui toutes ensemble constituent *la* poésie. Cette idée revient souvent sous la plume de Tieck [1], qui, sous l'influence de Wackenroder ou de Novalis si tôt disparus tous deux, se fait le théoricien de la poésie romantique, comme il en a été l'ouvrier le plus fécond. Ainsi, dans une étude sur *Les Chansons d'amour de l'ancienne Allemagne* (1803) [2] :

Reportons nos regards sur une époque peu reculée, qui se distinguait par son indifférence, son incompréhension ou son dédain devant les ouvrages des beaux-arts : nous admirerons le changement rapide qui s'est produit en si peu de temps. Non seulement on s'intéresse aux monuments des âges passés, mais on les apprécie ; on ne se contente pas de les admirer avec un zèle partial et aveugle, on propose un but plus élevé à ses efforts ; on veut comprendre chaque génie dans ce qui lui est propre ; on considère tant d'ouvrages d'artistes si différents, si supérieurs qu'ils soient chacun en lui-même, comme les parties d'*une seule* poésie, d'*un seul* art ; dans cette voie on soupçonne, on découvre une terre sainte inconnue, qu'ont prédite tous les cœurs sensibles et inspirés, et dont tous les poèmes sont les habitants et les citoyens. Car il n'y a qu'*une* poésie : elle s'étend des temps les plus anciens à l'avenir le plus éloigné ; elle comprend les œuvres que nous possédons, celles que nous avons perdues, et que notre imagination peut suppléer, et celles qui viendront, et qu'elle peut deviner ; le tout forme un ensemble indivisible. Elle n'est pas autre chose que l'âme humaine elle-même dans toutes ses profondeurs...

1. Ludwig Tieck (1773-1853), un des premiers romantiques, lié avec Wackenroder, puis avec Novalis, fréquente les Schlegel à Iéna, vit ensuite à Dresde, puis à Berlin. Dans la première partie de sa carrière, il réalise l'idée romantique par ses romans de jeunesse (*William Lovell, Franz Sternbald*), ses poésies lyriques (souvent incorporées dans des pièces de théâtre), ses comédies fantastiques et satiriques (*Der Blaubart, Der gestiefelte Kater, Prinz Zerbino*), ses adaptations dramatiques de romans populaires (*Leben und Tod der heiligen Genoveva, Kaiser Octavianus, Fortunat*), ses contes imités des vieilles légendes allemandes (*Phantasus*), ses ouvrages et articles littéraires, enfin par ses traductions de *Don Quichotte* et de Shakespeare.

2. Tieck, *Kritische Schriften*, Leipzig, 1848, 4 vol. ; t. I, p. 187 (*Die altdeutschen Minnelieder*).

La poésie sera universelle, pas plus moderne qu'antique ; elle captera toutes les sources de l'émotion. C'est chez Frédéric Schlegel[1] qu'on trouve les premières idées, encore vagues, de ce syncrétisme rêvé. Dès 1794, il écrivait à son frère[2] :

Le problème de notre poésie me paraît être l'union de ce qui est essentiellement moderne avec ce qui est essentiellement antique.

Et plus tard, faisant allusion à la non-distinction des genres[3] :

La poésie romantique est une poésie universelle progressive. Sa destination n'est pas seulement de réunir de nouveau toutes les espèces séparées de la poésie, et de mettre en contact la poésie avec la philosophie et la rhétorique. Elle veut et elle doit aussi tantôt mélanger, tantôt fondre ensemble la poésie et la prose, le génie original et la critique, la poésie de l'art et celle de la nature.

LE SENTIMENT PRÉFÉRABLE A LA RAISON

Contre l'*Aufklärung* ou rationalisme classique, avec son culte presque exclusif des facultés intellectuelles, les premiers romantiques proclament que l'homme n'est pas tout raison : le cœur l'inspire, et même l'instruit. Wackenroder revendique les droits de ces sentiments obscurs que les romantiques se sont donné pour tâche d'exprimer[4] :

Les sages suivant le monde, poussés par leur zèle (en soi-même louable) pour la vérité, ont pris la mauvaise route : ils ont voulu découvrir les secrets du ciel, les classer parmi les objets terrestres, les éclairer d'une lumière terrestre, et ils ont repoussé avec mépris nos *sentiments obscurs*, dans un hardi dédain de leurs droits... L'homme, cet être faible, a-t-il le droit de rejeter dédaigneusement loin de lui ces *sentiments obscurs*, qui se penchent sur nous comme des anges voilés ? — Je les respecte, moi, avec une profonde humilité : car c'est une grande bénédiction de Dieu qu'il nous envoie

1. Friedrich von Schlegel (1772-1829), vit à Iéna au centre du groupe romantique (1794-1801), puis à Berlin, se convertit au catholicisme, meurt fonctionnaire autrichien ; étudie particulièrement la littérature grecque, puis le sanscrit, les littératures romanes ; dirige avec son frère l'*Athenæum*, revue romantique, à Berlin ; plus tard fait à Vienne un cours de littérature (1812). Esprit intuitif, pénétrant, peu didactique, cœur trouble et passionné, il incarne et l'antirationalisme et la morale romantique, droits supérieurs de l'amour, vertu des grandes passions. Son roman à effet, *Lucinde* (1799), commenté par Schleiermacher, représente l'amour romantique tel qu'on le professait dans le milieu des deux Schlegel et de leurs femmes, Caroline et Dorothée.

2. Fr. Schlegel, *Briefe an seinen Bruder August-Wilhelm* [Walzel], Berlin, 1890, p. 70 (cité par Rouge, *Fr. Schlegel*, p. 83).

3. Fr. Schlegel, cité par Ricarda Huch, *Blüthezeit der Romantik*, p. 109.

4. Wackenroder, *Herzensergiessungen...* p. 133. Le morceau est intitulé : *Von zwei wunderbaren Sprachen und deren geheimnissvoller Kraft* [la nature et l'art].

ces témoins authentiques de la vérité. Je joins les mains, et j'adore.

LA POÉSIE ROMANTIQUE SELON NOVALIS

C'est Novalis [1] qui introduit le plus de données positives dans la notion de poésie romantique. Il exprime surtout son propre tempérament sentimental et mystique ; mais ses idées ont été en grande partie adoptées par les autres romantiques.

LA POÉSIE NATURELLE ET PERSONNELLE

La poésie n'est pas un ornement extérieur de la pensée, ajouté après coup, non indispensable, et revêtant indifféremment des émotions, des descriptions, des discussions, des discours [2] :

C'est une sensation désagréable, que d'entendre des paroles inutiles au but qu'on se propose ; et, comme la poésie n'est qu'un superflu cultivé, qu'une chose qui se forme elle-même, elle devient antipathique, quand elle se glisse là où elle n'a que faire, quand elle prétend raisonner, argumenter, et en général quand elle prend des airs sérieux : car ce n'est plus de la poésie. — Si on met tant de poèmes en musique, pourquoi ne les met-on pas en poésie ?

Tout est bon au poète qui lit dans la nature la poésie qu'elle contient :

Que le royaume du poète soit le monde concentré dans le foyer de son temps. Que son plan et son exécution soient poétiques, c'est-à-dire de nature poétique... Il doit reproduire l'ordinaire comme l'extraordinaire... Toute nature poétique est nature. Elle a toutes les propriétés de la nature. Si individuelle qu'elle soit, elle est cependant universellement intéressante. A quoi servent des descriptions qui laissent froids le cœur et l'esprit, des descriptions mortes de la nature morte ?

Ce n'est pas un langage propre à la communication des idées entre les hommes ; elle reflète l'émotion de chacun et ne peut viser qu'à faire naître des émotions analogues :

Il y a un sens spécial pour la poésie, un état poétique qui est en

1. Friedrich von Hardenberg, en littérature Novalis (1772-1801), ingénieur des mines et poète, ami de Tieck, auteur de poésies, de cantiques, des *Hymnen an die Nacht*, écrit en prose *Heinrich von Ofterdingen*, *Die Lehrlinge zu Saïs*, et des *Fragmente* posthumes.
2. Novalis, *Fragmente* (passim).

nous. La poésie est complètement personnelle, et c'est pourquoi elle est indescriptible, elle n'est pas à définir. Celui qui ne sait pas, qui ne sent pas directement ce qu'est la poésie, aucune idée ne pourra lui en être donnée : la poésie est la poésie, infiniment différente de l'art d'écrire ou de l'éloquence. — On cherche avec la poésie, qui n'est que l'instrument mécanique à ce destiné, à faire naître des états d'âme, des tableaux, des intuitions... La poésie est l'art d'éveiller les sentiments. — La poésie est la représentation du sentiment, du monde intérieur dans son ensemble. — Plus un poème est personnel, local, actuel, particulier, plus il est près du centre de la poésie.

LA POÉSIE SYMBOLIQUE ET MYSTIQUE

Elle cherchera moins à peindre des tableaux exacts qu'à suggérer des identités mystérieuses. Novalis faisait penser tout à l'heure à l'*Art Poétique* de Verlaine (« Et tout le reste est littérature ») ; il fait penser maintenant aux symbolistes français. Il dit des *descriptions* :

Il faut qu'au moins elles soient symboliques, comme la nature elle-même. Il faut que la nature soit porteuse d'idées... Il faut que le poète soit à lui-même une manifestation. Il est le prophète représentatif de la nature. — L'art d'étonner d'une manière agréable, de rendre un objet étrange et cependant connu et attirant, voilà la poétique romantique. — ...On conçoit des récits sans autre lien que celui de l'association des idées, comme dans les rêves ; des poèmes qui n'auraient pour eux que l'harmonie et l'abondance des belles expressions, mais sans aucun lien, sans aucun sens ; tout au plus, quelques strophes isolées seraient intelligibles, comme des fragments empruntés aux objets les plus divers. Cette véritable poésie peut tout au plus présenter un sens allégorique général, et avoir une action indirecte, comme la musique.

Wackenroder adorait les messages secrets de la divinité ; l'école de Heidelberg, quelques années plus tard, fera l'apologie de la connaissance mystique, du catholicisme et de l'état monastique. L'élément mystique se mêle à plusieurs des manifestations du romantisme allemand. Pour Novalis, il est essentiel à la poésie vraie :

Le sens de la poésie a beaucoup de points communs avec le sens du mysticisme. C'est le sens du particulier, du personnel, de l'inconnu, du mystérieux, de la révélation, du nécessairement accidentel. Il représente l'irreprésentable, il voit l'invisible, il sent l'insensible. — ...Le sens poétique a une étroite parenté avec le sens prophétique, le sens religieux, le délire en général.

LA POÉSIE ROMANTIQUE SELON TIECK

Selon Tieck, une des nouveautés que la poésie nouvelle doit apporter à l'art est l'*ironie*, c'est-à-dire le mélange intime de l'émotion et de la raillerie.

L'IRONIE

La poésie romantique allemande, par son ironie, se moque d'elle-même, parce qu'elle s'épie et se critique elle-même, parce qu'elle se donne pour la *poésie de la poésie*. Ainsi les drames de Tieck contiennent de véritables mystifications greffées les unes sur les autres. Ils peuvent commencer par l'épilogue et finir par le prologue. Les acteurs y font des réflexions sur l'à-propos de ce qu'ils disent et sur les invraisemblances de la pièce. Les spectateurs interviennent dans le dialogue pour s'étonner, critiquer ou louer. Les acteurs s'entretiennent avec le public ou les machinistes. Ces procédés ironiques ont pour but de détruire toute illusion. De plus, les pièces s'emboîtent les unes dans les autres, les personnages de la première se faisant jouer une autre pièce dont les personnages s'en font jouer une troisième. Il en est ainsi dans *Le Chat botté*, *Le Monde renversé*, *Le Prince enchanté*. Il va sans dire que ces pièces ne sont pas jouables. L'auteur donne aussi la théorie de l'ironie romantique en ces termes[1] :

> Avez-vous déjà tenté de manier la plaisanterie sérieusement, de traiter le sérieux sur un mode railleur ? Jouer avec un charme égal des souffrances et des joies, sentir la douleur avec une douce ironie, peu ont su le faire. Ils choisissent, pour avoir la paix, l'un des deux, et il ne faut pas les envier : ah ! que leurs joies sont modestes ! et qu'on les distingue mal de leurs douleurs !

LA MUSIQUE

Pour mieux opposer la poésie nouvelle aux compositions raisonnables, claires et intellectuelles de l'âge classique, Tieck insiste sur le caractère musical qu'elle doit présenter. La poésie de Gœthe était volontiers plastique et pittoresque, en même temps que profondément émotive. L'enthousiasme éloquent et chaleureux de Schiller paraissait trop rationnel. A la *Begeisterung* ou inspiration enthousiaste, qui a quelque chose d'actif, on oppose la *Schwärmerei* ou exaltation rêveuse, le *Gemüt* ou sensibilité passive du cœur. Dans la fournaise du sentiment, aucune forme distincte ne s'élabore. A cet état purement affectif de l'âme la

---

1. Id., *Prinz Zerbino* — cité par Ricarda Huch, p. 287.

musique convient mieux que les paroles : car dans tout discours, même décousu, il y a un minimum de liaison logique. Tieck dirait avec Verlaine (*Art Poétique*) : « De la musique avant toute chose ». Mais il va plus loin, et ce n'est pas la musique des mots, c'est la musique au lieu des mots qu'il appelle dans les quatre vers très connus, et que l'école a paraphrasés plusieurs fois[1] :

Le tendre amour pense avec des accords, car les idées sont trop loin de lui ; avec des accords seulement il peut embellir tout objet à son gré.

Il disait ailleurs[2] :

Comment ! il ne nous serait pas permis de penser avec des accords, et de composer de la musique avec des mots et des pensées ? Oh ! que notre condition, à nous autres artistes, serait malheureuse ! Quelle pauvre langue, quelle plus pauvre musique ! Ne formez-vous pas souvent des pensées si délicates et si éthérées, qu'en désespoir de cause elles se réfugient dans la musique, pour trouver enfin, là seulement, le repos ?

Au précepte il joint l'exemple. Non seulement il assouplit la langue à l'excès, il pratique l'assonance, l'allitération, il utilise tous les éléments musicaux du langage, mais il prétend écrire de véritables symphonies. Ainsi l'ouverture du *Monde renversé* s'intitule *Symphonie* ; en sous-titres :

Andante en *ré* majeur. — Piano. — Crescendo. — ...Premier violon solo.

Et de même ailleurs. Pour ses couplets, il emploie les termes de :

Accord en *la* mineur — en *mi* majeur — de tierce — de sixte. Arpeggiando — dolce — forte.

Nous sommes ici au paroxysme de la réaction contre la claire raison classique. A cette limite, la poésie, à force de se transformer, se nie elle-même : elle cherche à se fondre dans tout ce qui n'est pas elle.

---

1. Id., *Phantasien über die Kunst.* Hambourg, 1799 ; II. Abschnitt, VIII : *Die Töne.*
2. Id., *Die Verkehrte Welt* — cité par Ricarda Huch, p. 52.

LA LITTÉRATURE ROMANTIQUE CONTRE LA LITTÉRATURE CLASSIQUE

LITTÉRATURE CLASSIQUE ET LITTÉRATURE ROMANTIQUE. A.-G. SCHLEGEL. TRADUCTIONS DES LITTÉRATURES ROMANTIQUES. EXISTENCE RÉELLE D'UNE POÉSIE ROMANTIQUE. SON INTÉRÊT || LE DRAME ROMANTIQUE. LA DOCTRINE DE SCHLEGEL. UNE PARODIE DU DRAME ROMANTIQUE : PLATEN.

LITTÉRATURE CLASSIQUE ET LITTÉRATURE ROMANTIQUE : A.-G. SCHLEGEL

A côté des sentiments et des idées générales sur l'art, qui constituent ce qu'on pourrait appeler le romantisme interne, se trouve une prédilection pour certaines époques et pour certaines formes de la littérature, qu'on pourrait appeler le romantisme externe. On admet vers 1800, à Iéna et à Berlin, qu'il existe deux groupes de littératures, différentes par leur esprit, leur matière, leurs procédés : les littératures classiques de la Grèce, de Rome, de la France depuis Henri IV ; les littératures romantiques, du moyen âge chevaleresque et chrétien, de l'Italie de la Renaissance, de l'Espagne et de l'Angleterre modernes (cf. Mme de Staël, p. 88). C'est en ce sens que le mot *romantique* est le plus souvent pris par les romantiques eux-mêmes ; mais, comme ils l'emploient aussi, soit dans le sens vague de sentimental et passionné, soit dans le sens très restreint de *romanesque,* il faut, en lisant les textes, bien prendre garde à ces différences.

LEUR CONTRASTE ET LEURS DROITS ÉGAUX

Hostile, comme Lessing, à la littérature classique française, mais capable par ses connaissances variées et précises de lui opposer, non plus seulement la Grèce et Shakespeare, mais les monuments de plusieurs littératures modernes, Aug.-Guillaume Schlegel[1] est le premier chez qui

1. August-Wilhelm von Schlegel (1767-1845), disciple, en poésie, de Bürger, collaborateur de Gœthe et de Schiller, se sépare de ce dernier et fonde avec son frère l'*Athenœum*, enseigne la littérature à Iéna (1798-1802), donne à Berlin trois cours sur *La littérature et l'art* (1801-1804) ; précepteur des fils de Mme de Staël qu'il accompagne dans ses voyages et à

l'on rencontre cette conception simplifiée de l'histoire littéraire universelle qui vient d'être exposée, et cette affirmation que ces deux grandes catégories de littératures ont des beautés équivalentes et des droits égaux, sans que les règles formulées pour l'une aient à régir l'autre [1] :

Que les œuvres qui font réellement époque dans l'histoire de la poésie moderne soient en contraste avec les œuvres antiques dans toute leur direction, dans toutes leurs tendances, et cependant doivent être reconnues comme remarquables : cette conception est admise depuis peu, et rencontre encore beaucoup d'opposition. On a désigné le caractère de la poésie antique par le mot de *classique,* celui de la poésie moderne par celui de *romantique* ; et cela très judicieusement. C'est une grande découverte dans l'histoire de l'art que celle-ci : ce qu'on regardait jusqu'ici comme la sphère complète de l'art — en accordant aux anciens une autorité sans limites — n'en est que la moitié.

TRADUCTIONS DES LITTÉRATURES ROMANTIQUES

Or les littératures anciennes sont connues, ou passent pour l'être. Sans doute, Frédéric Schlegel commence ses travaux par des études de littérature grecque et des essais philosophiques hellénisants ; Schleiermacher traduira Platon ; Hölderlin, qui a des affinités avec les romantiques, rêve d'une Hellade idéale, poétique et souriante, comme Chénier, Keats, Musset, Leconte de Lisle ; et en général, dans l'école, on se flatte de mieux pénétrer que les classiques le véritable esprit de l'antiquité. Néanmoins, l'attention se concentre sur la *poésie moderne,* telle que l'entendent les Schlegel, c'est-à-dire à l'exclusion de la poésie française ou d'inspiration française, imitée de l'antique et encore classique. De même que l'art gothique est préféré à l'art classique, que Tieck et Wackenroder découvrent Nuremberg, les vieilles maisons du moyen âge, les cathédrales, et, en même temps que Chateaubriand, la beauté mystique et artistique des rites catholiques ; de même la première tâche nécessaire est de faire connaître les poètes étrangers [2] :

Dans ce sens et dans cet esprit, il faut donner de grandes louanges à quelques poètes distingués qui entreprennent de transplanter les

Coppet (1804-1812), depuis 1818 professeur à Bonn ; donne à Vienne (1809) son *Cours de Littérature et d'art dramatique,* traduit Calderón, des poètes espagnols et portugais, des ouvrages indous, et donne surtout la célèbre traduction de Shakespeare (depuis 1797) ; compose, de plus, beaucoup de poésies et de très nombreux articles de critique et études, dont plusieurs en français. Il est l'historien, le critique et le théoricien de l'école.

1. A.-W. Schlegel, *Vorlesungen über schöne Litteratur und Kunst* [cours de Berlin], éd. Minor, Heilbronn, 1884, t. I, p. 21 (deuxième leçon, 1801).

2. Fr. Schlegel, *Werke,* Vienne, 1846, 15 vol. in-8° ; t. VIII, p. 31. Le morceau est de 1803.

beautés de la poésie italienne et espagnole sur notre sol national, car les fleurs aux fraîches couleurs et les ornements artistiques de ces productions semblent tout à fait propres à parer et à égayer le sérieux septentrional de notre vieille poésie allemande.

Il s'agit de rendre familières à l'Allemagne les écoles et les époques poétiques qui, à tort ou à raison, sont considérées comme ne devant rien à l'imitation : les troubadours, Pétrarque et Boccace, le Romancero et la Comedia espagnole, la poésie portugaise ; le drame anglais et surtout Shakespeare ; les Sagas scandinaves, des poésies orientales et des poèmes indous. Herder avait déjà tracé la voie ; il admettait cinq sources : la Bible, Homère, Ossian, les *Lieder* populaires et Shakespeare. On lui laisse les deux premières pour des raisons qu'il est aisé d'apercevoir (et c'est là que le romantisme, en limitant le programme, se différencie du *Sturm und Drang,* et, en rétrécissant, innove); Ossian n'a déjà plus l'attrait de la nouveauté ; nous retrouverons les *Lieder* tout à l'heure (chap. iii); Shakespeare est l'objet d'un culte. On lui adjoint Calderón, sous l'influence des Schlegel. Tieck trace le programme et enregistre les résultats [1] :

Il est agréable de remarquer quelle heureuse influence ce sentiment de l'ensemble exerce aujourd'hui dans le domaine de la poésie… Jamais les anciens n'ont été lus et traduits autant qu'aujourd'hui ; les admirateurs compétents de Shakespeare ne sont plus rares ; les poètes italiens ont leurs fidèles ; on lit et on étudie les auteurs espagnols aussi assidûment qu'on peut le faire en Allemagne ; on peut se promettre la meilleure influence de la traduction de Calderón [2]. On peut s'attendre à ce que les chants provençaux, les poèmes scandinaves et les fleurs de l'imagination indoue ne nous restent plus longtemps choses inconnues.

Cette acclimatation de poésies étrangères, choisies parmi celles que rendaient plus éloignées la difficulté du texte ou la dissemblance des idiomes, mais surtout parmi celles qui répugnaient le plus au strict goût classique, a été la tâche la plus assidue de l'école et reste son œuvre maîtresse. Le chef-d'œuvre en ce genre est le Shakespeare de A.-G. Schlegel (1797-1801), continué par Tieck : de cette traduction date l'entrée définitive de Shakespeare dans la littérature et dans l'âme allemande.

EXISTENCE RÉELLE D'UNE POÉSIE ROMANTIQUE

De l'ensemble de ces productions littéraires si diverses, mieux con-

---

1. Tieck, *Kritische Schriften,* t. I, p. 189-90 (*Die altdeutschen Minnelieder*).
2. Par A.-G. Schlegel (1803-1804).

nues, mieux comprises et en partie traduites, se dégage l'impression générale d'une certaine espèce d'art littéraire et de beauté, complètement opposée à l'art et à la beauté classiques, mais aussi remarquable dans son genre. La littérature romantique n'est pas à créer, elle est. C'est l'idée fondamentale d'Auguste-Guillaume dans ses leçons de Berlin (1801-1804), et particulièrement dans la troisième année du cours, consacrée aux littératures romantiques. Il disait en débutant[1] :

On doute encore ici ou là s'il existe réellement une poésie romantique, c'est-à-dire proprement moderne, non formée d'après les modèles antiques, et cependant digne d'estime d'après les principes les plus élevés ; non pas apparue comme une violente explosion de la nature, mais rendue accomplie par l'art le plus authentique ; non pas seulement nationale et douée d'un intérêt de circonstance, mais universelle et impérissable. Ce doute, j'espère le dissiper d'une façon satisfaisante... — En fait de poésie, on a prêché du haut de mainte chaire considérable, et on continue à le faire, qu'il n'y a de salut que dans la continuation et même dans l'imitation des classiques. De sorte qu'*il ne doit pas y avoir* de poésie romantique, quand même *il y en a eu* réellement une. Bien plus, les défenseurs les plus fervents des grands maîtres modernes ont dû, contre l'autorité des soi-disant règles, se retrancher derrière la conception mal définie du génie et de ses droits primordiaux. Ces maîtres, quand on ne connaît qu'un ou deux d'entre eux, constituent, ainsi isolés, des phénomènes surprenants et irrationnels. Seul, un coup d'œil jeté sur l'ensemble de la poésie romantique permet de remarquer ce qu'il y a de régulier dans leur développement et dans les étapes de leur formation, le dessein purement artistique, et la logique dans les principes de ces maîtres, enfin la parenté, avec ses degrés, et l'enchaînement de ces manifestations, au premier abord si dissemblables.

En étudiant ces littératures dans leur poésie, dans ce qu'elles ont présenté de plus spontané, de plus différent de l'antique, on en dégagera les caractères communs, de façon à constituer une poétique romantique capable de lutter victorieusement contre la poétique classique.

LA POÉSIE ROMANTIQUE EST PLUS INTÉRESSANTE

On trouve cette idée de divers côtés à cette époque ou un peu plus tard, notamment en Italie (p. 62). F. Schlegel, dans un de ses premiers écrits[2], fondait la poésie antique sur le *beau*, élément *objectif*, et la poé-

---

1. A.-W. Schlegel, *Vorlesungen* [de Berlin], t. I, p. 7 et suiv. (première leçon).
2. Fr. Schlegel, *Werke*, t. V, p. 55 (*Über das Studium der griechischen Poesie*, 1795-96).

sie moderne sur l'*intéressant*, élément *subjectif* (cf. Manzoni, p. 64). Son frère proclame que la poésie romantique est plus vivante [1] :

La poésie romantique est l'expression du mouvement secret qui pousse perpétuellement à des enfantements nouveaux et merveilleux le chaos qui se cache au-dessous de la création ordonnée, dans les profondeurs de son sein : l'esprit vivifiant de l'amour originel plane de nouveau au-dessus des eaux. Malgré son caractère fragmentaire, elle se tient plus près des secrets de l'univers...

La poésie romantique, même d'époques et de nations différentes, est infiniment plus proche des Allemands modernes que la poésie classique [2] :

D'ailleurs notre esprit et nos sentiments nous rapprochent de la poésie romantique plus que de la poésie classique. Je crains que l'admiration si répandue pour cette dernière n'ait été et ne soit encore souvent qu'un effet de l'autorité... Nous nous sentons attirés plus volontiers vers la poésie romantique, elle nous parle un langage plus intime. Nous restons chez nous : car, s'il nous faut nous transporter dans un autre temps, du moins cette époque est la mère et la racine de la nôtre ; si nous visitons d'autres nations européennes, il y a, même entre les plus éloignées, des traits communs dans le caractère et dans la civilisation.

Il s'agit avant tout, d'ailleurs, de battre en brèche l'influence française — car le romantisme allemand, avec son air de dilettantisme cosmopolite, est extrêmement nationaliste — et de répondre à l'objection suivante : Pourquoi toujours imiter ? pourquoi remplacer des modèles par d'autres modèles ? — Tieck donne la profession de foi de l'école à ce sujet [3] :

On peut prouver par l'histoire littéraire de tous les peuples, qu'aux époques où la littérature française régnait, ou était extrêmement en faveur, le sens patriotique des œuvres nationales s'évanouissait complètement, que les caractères propres s'affaiblissaient et que la production locale tarissait. Le même fait ne s'était pas produit auparavant, lorsque les Italiens ou les Espagnols prêtèrent tour à tour leur poésie aux autres peuples... — La véritable poésie anglaise, depuis les temps les plus anciens, est étroitement apparentée à celle des Allemands ; et, de ce côté-là, la pernicieuse influence indiquée tout à l'heure ne peut se produire.

1. A.-W. Schlegel, *Vorlesungen über dramatische Kunst und Litteratur* [cours de Vienne] — (douzième leçon).
2. Id., *ibid.* — (première leçon).
3. Tieck, *Kritische Schriften*, t. IV, p. 133.

LE DRAME ROMANTIQUE

En Italie, Manzoni (p. 79), en France, Victor Hugo (p. 113), donnent la théorie du drame romantique pour introduire et justifier les pièces qu'ils ont écrites ou se proposent d'écrire. Par l'importance de leurs œuvres ou le bruit qui se fait autour d'elles, par la place que tient le théâtre dans les préoccupations du public de leurs pays, la question du drame romantique devient la question dominante. En Allemagne, le théâtre est moins le centre de la littérature ; les frères Schlegel ne sont pas auteurs dramatiques ; Tieck déploie sa verve et les ressources de son imagination dans des pièces fantaisistes et injouables qui ne prétendent nullement représenter *le* drame tel qu'il doit être ; Henri de Kleist et plus tard Grillparzer donnent de belles pièces qu'on peut appeler romantiques, mais ne sont pas théoriciens. La théorie du drame romantique s'exprime dans A.-G. Schlegel : elle est d'ailleurs le fond de tout le cours de Vienne, traduit en français par Mme Necker de Saussure (1814), et objet de discussions sans nombre dans toute l'Europe [1].

LA DOCTRINE DE SCHLEGEL

[2] Le drame romantique peut être considéré comme un vaste tableau où, en dehors des figures et des groupes variés que forment leurs mouvements, le milieu qui entoure les personnages est également représenté ; et non seulement les environs immédiats, mais encore, dans une perspective intéressante, les lointains ; et tout cela sous une lumière magique, qui aide à modifier l'impression dans tel ou tel sens. Un pareil tableau sera moins strictement limité que le groupe du statuaire, car il n'est qu'un fragment découpé dans le panorama de l'univers…. — Ce sont des beautés du même ordre qui sont propres au drame romantique. Il ne sépare pas strictement, comme la tragédie antique, le sérieux et l'action dans les diverses phases de la vie ; il rassemble le spectacle varié de la vie avec tout ce qui l'environne, et tandis qu'il ne paraît représenter que des circonstances que le hasard a rapprochées, il satisfait les exigences inconscientes de l'imagination, il nous invite à méditer le sens inexprimable de ces apparences qui s'harmonisent par l'ordre, la distance, le coloris et la lumière : il donne au spectacle une âme.

L'auteur expose ensuite les caractères essentiels du drame roman-

---

1. Voir, sur les conséquences des idées de Schlegel en Espagne, le livre de M. Camille Pitollet : *La querelle caldéronienne de Böhl von Faber et J.-J. de Mora*, Paris, 1909, 1 vol. in-8.
2. A.-W. Schlegel, *Vorlesungen* [de Vienne], douzième leçon.

tique, opposés à ceux de la tragédie classique. On remarquera que, de ces trois principes, le premier est proclamé par les romantiques de tous les pays ; le second, adopté par Victor Hugo, au moins en théorie (p. 113), est réprouvé par Manzoni (p. 81) ; le troisième, appliqué par Manzoni dans ses deux tragédies, est passé sous silence par Victor Hugo[1] :

Le changement des temps et des lieux — à condition qu'on représente aussi son influence sur les sentiments... ; le contraste du sérieux et du plaisant — à condition qu'ils conservent l'un avec l'autre un rapport d'espèce et de degré ; enfin le mélange du dialogue et des parties lyriques, qui donne au poète les moyens de transformer plus ou moins ses personnages en natures poétiques : ce sont, selon moi, dans le drame romantique, non pas de simples licences, mais de véritables beautés.

UNE PARODIE DU DRAME ROMANTIQUE : PLATEN

On saisira mieux ce que les romantiques reprochaient à la tragédie classique, et ce qu'ils proposaient d'y substituer, par la parodie que donne un peu plus tard Platen[2], dans son *Œdipe romantique*[3], de leurs idées et de leurs œuvres. Les romantiques n'avaient jamais prétendu faire le procès de la tragédie grecque, mais seulement de ses infidèles imitations françaises : il était habile, de la part de leur adversaire, de transporter le débat sur un plus vaste terrain, et de montrer, par une caricature dont tous les traits portent, qu'en visant Racine on atteignait Sophocle, et que, si l'école voulait être logique avec ses principes, c'était Sophocle et non Racine qu'elle devait immoler à Shakespeare et à Calderón. — Le chœur nous apprend que le grand *Nimmermann*[4], « le Shakespeare allemand », ayant lu récemment *Œdipe Roi,* a rejeté avec le plus grand dégoût le chef-d'œuvre de la tragédie grecque. On retrouvera dans les critiques qu'il lui adresse les principaux articles du crédo dramatique des romantiques[5] :

C'est donc là, s'est-il écrié, c'est donc là le chef-d'œuvre, le *canon* tragique d'après votre Aristote ! Pédants que vous êtes ! Je veux, je veux moi-même vous faire un Œdipe : je veux vous mon-

---

1. Id., *ibid.*

2. Le comte August von Platen (1796-1835), ennemi des romantiques, auteur de drames et de comédies satiriques, d'odes et de poésies d'inspiration italienne ou orientale.

3. *Der Romantische Oedipus* (1823). — *Werke,* Stuttgart et Tübingen, 1843, 5 vol. in-12 ; t. IV.

4. *Nimmermann* est ici pour Karl Leberecht Immermann (1796-1840), surtout auteur dramatique, dont les premières pièces (*Le Val de Roncevaux, Le Roi Périandre et sa maison, Cardénio et Célinde*) sont extrêmement romantiques.

5. *Der Romantische Oedipus,* a. I, sc. I, p. 97.

trer comment cet homme-là aurait dû faire, comment il aurait dû présenter au public un tableau historique d'un meurtre de famille dans les temps primitifs, d'une manière vraiment scénique. Cette pièce-ci ne doit être considérée que comme un fragment ! Où est donc cette ampleur nécessaire au drame ? cette riche abondance de personnages secondaires ? Où sont ces serviteurs, ces servantes, ces bouffons, ces enfants à la mamelle, ces gueux, ces boutiquiers, ces palefreniers...? Où les changements de décor, les feux d'artifice et toute la machinerie ? Où est entremêlé l'élément comique ? Je n'y vois pas non plus les indispensables anachronismes, les fautes de géographie...

Les romantiques admiraient, dans la Comedia espagnole ou dans les *histoires* de Shakespeare, le caractère biographique du développement :

Le public. — Vous avez donc montré Œdipe encore enfant ?

Nimmermann. — Bien mieux que cela. Dès le lever du rideau, on voit les deux sages-femmes qui assisteront Jocaste dans sa délivrance.

Le public. — Splendide ! Exemplaire ! La naissance est en effet, certes, la première scène de la vie.

Voici l'utilisation de tous les éléments matériels, extérieurs, surnaturels, pour remplacer la profonde connaissance du cœur humain et l'intérêt fondé sur le jeu des passions[1] :

Nimmermann. — Le sujet est éminemment tragique : un inceste, des horreurs de toute sorte, un parricide, le Sphinx, la peste, une abondance de méprises, des complications sans nombre ! Comme le poète a peu utilisé cette effroyable matière ! Il a presque éliminé l'horrible, il cache sous de beaux discours toute atrocité, il annule l'effet de la pièce, il raye même du nombre des personnages le Sphinx, qui aurait dû produire sur le public la plus profonde impression.

Le public. — Oui, évidemment ! Car c'était sans aucun fondement, ce que nous disaient les critiques, que l'art tragique ne supportait rien de démoniaque, et vivait de la pure humanité des passions.

Voici l'importance démesurée du costume :

Nimmermann. — Une difficulté particulière, pour moi, c'est toujours le costume. Quelle était exactement la largeur du pont des

---

1. Id. *ibid.*, a. I, sc. **2**, p. 132.

culottes de gala d'Œdipe ? C'est un point qui n'est pas encore élucidé.

Voici enfin, dans la conclusion, la fameuse variété, pareille à la variété de la vie[1] :

Le chœur. — Comme il a traité son sujet d'une manière antisophocléenne !

Le public. — Comme il y a répandu les anachronismes par milliers !

. . . .

Le chœur. — Ne connais-tu donc pas la mode actuelle ? On brouille l'un avec l'autre, conformément à la nature, le tragique et le comique, parce que la vie humaine elle-même est ainsi bigarrée.

La Raison. — La *vie*, c'est possible ; mais *l'art*, non sûrement.

1. Id., *ibid.*, a. V, sc. 1.

CHAPITRE III

LES SOURCES NATIONALES
DU ROMANTISME ALLEMAND

RETOUR A LA POÉSIE NATIONALE ET AUX LÉGENDES. A LA RECHERCHE DE LÉGENDES ÉPIQUES NATIONALES : STURZ. HERDER. LES ÉPOPÉES GERMANIQUES : FOUQUÉ || LES CHANTS ET LES CONTES POPULAIRES : HERDER. A.-G. SCHLEGEL. LE RECUEIL D'ARNIM ET BRENTANO || LES LIVRES POPULAIRES : GÖRRES.

RETOUR A LA POÉSIE NATIONALE
ET AUX LÉGENDES

Un des traits dominants du romantisme, en Angleterre et en Allemagne, c'est la rupture avec la tradition érudite gréco-latine, et le retour aux sources nationales de la poésie et du drame : mythologie celtique ou germanique, folklore, légendes épiques, chants populaires, contes populaires. La pièce de Tieck à laquelle il tenait le plus s'ouvre par un long *Prologue*, intitulé *Le Cortège de la Romance* (*Aufzug der Romanze*). La *Romanze*, c'est la poésie romantique sous les traits d'une jeune vierge à cheval. Elle est fille de la Foi et de l'Amour. Elle dit au poète [1] :

Si tu es sensible à ma poésie, si tu me restes fidèle, je veux inspirer le courage à ton âme. Tu continueras à penser à moi, quand les autres me dédaignent. Jadis, je t'ai déjà éclairé : aujourd'hui, il faut que tu me restes fidèle, et j'éclairerai ton cœur comme le brusque rayon qu'émet l'argent au sortir du minerai. — Sers ceux qui m'ont servie : aime-les, eux aussi, de toute ton âme. Celui qui veut avoir le nom de *prêtre*, ne doit jamais oublier le temple.

Et alors se placent ces quatre vers très célèbres, que la suite du chœur reprend un à un et commente chacun d'une strophe :

Nuit qu'éclaire la lune, nuit propice aux enchantements, toi qui

---

1. Tieck, *Kaiser Octavianus*; *Prolog* (fin).

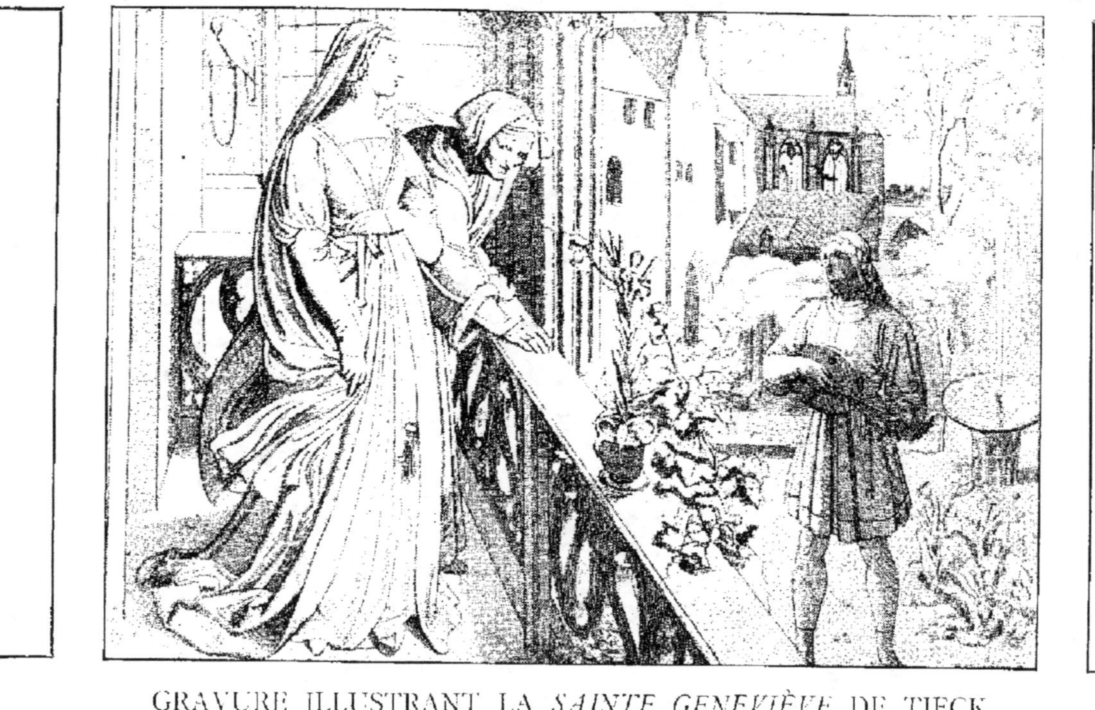

GRAVURE ILLUSTRANT LA *SAINTE GENEVIÈVE* DE TIECK
par G. Führich
LE CLAIR DE LUNE, L'ARCHITECTURE OGIVALE, L'ÉGLISE,
ET LE PIGNON DES VIEILLES MAISONS ALLEMANDES, LE COSTUME DES PERSONNAGES, TOUT S'INSPIRE
DU ROMANTISME ALLEMAND ARCHAÏQUE, SENTIMENTAL ET RÊVEUR

tiens l'âme captive, monde merveilleux des contes de fées, reviens vers nous dans ton antique splendeur !

Faisant des vœux pour un renouvellement de la poésie française, Fr. Schlegel enseignait en 1812 qu'il ne pouvait se produire un changement heureux que par le retour aux anciennes sources nationales et à l'inspiration catholique [1] :

Si la situation actuelle venait à se transformer, si la prédominance si écrasante de la prose dans la langue et la littérature françaises venait à diminuer, ou si tout au moins la poésie venait à refleurir dans un temps prochain, je suis disposé à croire que cela n'arrivera pas et ne pourra pas arriver à l'imitation des Anglais, comme on l'a tenté jusqu'ici pour venir au secours de la poésie française languissante, ni par l'imitation de n'importe quelle autre nation, mais parce que les esprits reviennent en arrière et que la poésie retourne aux anciens temps de la France. L'imitation d'une autre nation ne conduit jamais au but, car tout ce qu'elle a produit à l'époque de son développement le plus achevé et sur les sommets de l'art restera toujours étranger aux imitateurs. Chaque nation n'a qu'à revenir à sa poésie originale, à ses antiques légendes. Plus proche est la source, plus profondément on y puise, plus aisément on atteint ce qu'il y a de commun entre les diverses nations. Les poésies des divers peuples, comme les peuples mêmes, se touchent à leurs origines. — D'autre part, la veine pure de l'enthousiasme religieux forme pour tous les cœurs une source que rien ne peut tarir, des profondeurs de laquelle la poésie sort éternellement rajeunie, et qui est voisine de toutes les époques.

Et il ajoutait en 1823 :

C'est à cette source que La Martine a puisé ses poèmes, dans lesquels se lève pour la France l'aurore fortunée d'une nouvelle poésie.

A LA RECHERCHE DE LÉGENDES ÉPIQUES NATIONALES. STURZ. HERDER

Au contraire de Boileau, qui s'étonne (*Art poétique*, III, 241) qu'un *auteur ignorant* à Hector *préfère Childebrand*, les Allemands cherchaient déjà depuis une génération quelles légendes épiques ou mythiques nationales leur fourniraient leur *Iliade* ou leur *Œdipe Roi*. La première

---

1. Fr. Schlegel, *Werke*, t. II, p. 145 : *Geschichte der alten und neuen Poesie*, Vienne, 1812 ; II. verbesserte und vermehrte Ausgabe [1823].

idée est de se tourner vers le moyen âge, vers l'époque du Saint-Empire romain germanique, ou même celle de Charlemagne, empereur allemand. Dès 1767, H.-P. Sturz écrivait dans la *Lettre sur le théâtre allemand* [1] :

L'ancienne histoire du Nord nous appartient : elle est riche en grands événements empruntés à l'époque où les âmes n'étaient pas encore efféminées ; elle a presque plus de valeur que l'histoire grecque aux yeux du poète qui est sensible au vrai sublime. Même nos siècles intermédiaires (Charlemagne et la conversion de Witikind, Henri IV, Conrad, Othon III), ne sont pas dépourvus de faits qui conviennent à la tragédie ; les malheurs et les exploits de nos ancêtres ont pour nous un tout autre intérêt que les fureurs de Médée et les horribles forfaits d'Atrée ; c'est une vérité que nous voyons confirmée tous les jours sur la scène anglaise ; et qui ignore l'effet puissant produit par la tragédie de Du Belloy [2] ?

En 1773, Herder, qui peut être considéré à tant d'égards comme l'ancêtre du romantisme allemand, se demandait si l'Allemagne avait, et pourquoi elle n'aurait pas, un corps de légendes épiques [3] :

L'état d'esprit romantique [4] s'est répandu comme une marée sur toute l'Europe : mais quelle a été la part de l'Allemagne ? Peut-on établir qu'elle a possédé réellement ses héros favoris, ses sujets originaux, ses légendes nationales et ses contes d'enfants, et qu'elle leur a imprimé son caractère particulier ? Parsifal, Mélusine, Maguelonne, Arthus, les chevaliers de la Table Ronde, la légende de Roland appartiennent à l'étranger : les Allemands étaient-ils donc destinés de toute éternité à ne faire que traduire, à ne faire qu'imiter ? —... Grand empire, empire formé de dix peuples, Allemagne ! Tu n'as pas de Shakespeare, n'as-tu pas non plus de chants de tes ancêtres, dont tu puisses t'enorgueillir ? Suisses, Souabes, Franconiens, Bavarois, Saxons, Westphaliens, Wendes,

---

1. Helferich-Peter Sturz (1736-1779). *Brief über das deutsche Theater an die Freunde und Beschützer desselben in Hamburg.* Copenhague, 1767 — cité par Max Koch, *Deutsche National-Litteratur*, coll. Kürtschner, n° 146, t. I, p. XXX.

2. *Le Siège de Calais* (1765), tragédie nationale, par Du Belloy (1727-1775), qui eut un énorme succès.

3. Johann-Gottfried Herder (1744-1803). *Von Aehnlichkeit der mittleren englischen und deutschen Dichtkunst* (*Werke* [Mathias], t. II, p. 104-106). Cet article, qui servait à annoncer ses *Volkslieder* de 1778-1779, a paru d'abord dans le numéro de novembre 1777 du *Deutsches Museum* (t. II, p. 11).

4. *Romantique* dans le sens de : qui appartient à la féodalité et à la chevalerie, plus généralement aux mœurs et aux idées du monde occidental chrétien, telles qu'elles s'expriment dans les *romances* ou les *romans* du moyen âge.

Prussiens, à vous tous ne possédez-vous plus rien ? La voix de vos pères s'est-elle tue ? Peuple plein d'héroïsme, peuple de noble vertu et de noble langage, les siècles n'ont-ils gardé aucune empreinte de ton âme ?

Ces *chants des ancêtres* ne se trouvaient pas aussi aisément qu'on aurait voulu. Le grand poème des *Nibelungen* était déjà publié, en partie par Bodmer depuis 1757, en entier par Müller depuis 1782. Mais ni l'élément mythique ni l'élément épique n'en a été directement assimilé par les romantiques. C'est sous la forme scandinave de *Sigurd* que Siegfried, le héros national allemand, fera son apparition dans l'œuvre de Fouqué, entouré de mythes plus scandinaves qu'allemands.

LES ÉPOPÉES GERMANIQUES : FOUQUÉ

En insistant sur la ressemblance foncière de légendes qui remontent de part et d'autre à une origine commune très ancienne, et en glissant sur les différences, Fouqué[1], sous l'inspiration de A.-G. Schlegel, se fait l'évocateur de l'antique poésie légendaire, puis le poète national des grandes époques de la vie allemande. Son *Sigurd* s'ouvre par une dédicace à Fichte, considéré ici comme patriote, comme l'auteur des *Discours à la nation allemande* (1808). Il y indique son programme, maudit l'esprit classique fermé à ces grands souvenirs, et affirme la volonté des jeunes pionniers de rouvrir ces sources d'inspiration[2] :

Du fond des forêts germaniques est monté l'accent révélateur des antiques chants de nos héros, à demi étouffé, oui, à peine soupçonné dans le bruissement des ombrages, dans les parfums des fleurs : il est monté vers nous, leurs descendants ; il a fait déborder plus d'un cœur sensible d'émotion sympathique, d'aspiration vers les exploits, vers les chants aussi des anciens temps héroïques. Ah ! si vous aviez interrogé nos pères, rien que nos nobles pères, depuis longtemps, au lieu de la jeune aurore, c'est l'éclat du chaud soleil de midi qui nous environnerait, et autour de nous se dresserait le peuple puissant des héros du Nord, notre patrie. — Vous ne l'avez pas voulu : vous êtes allés consulter des étrangers ; vous vous êtes créé un monde faux de mœurs étrangères, et c'est là que nos ancê-

1. Friedrich, baron de La Motte-Fouqué (1777-1843), traite, tantôt sous forme épique, tantôt sous forme dramatique, de très nombreux sujets empruntés, soit aux anciennes traditions germaniques (*Der Held des Nordens*, 1808-1812, comprenant : 1° *Sigurd der Schlangentödter* ; 2° *Sigurds Rache* ; 3° *Aslauga*), soit à la légende carolingienne (*Eginhard und Emma*, 1811 ; *Irminsul*, 1812), soit à l'histoire de l'Allemagne (*Alwin*, épisode de la guerre de Trente Ans, 1808 ; *Die Familie Hallersee*, épisode de la guerre de Sept Ans) ; et réunit beaucoup d'œuvres analogues dans deux collections : *Théâtre national*, 1811 ; et *Poèmes allemands pour les Allemands*, 1813.

2. Fouqué, *Sigurd der Schlangentödter : Zueignung an Fichte* (vers 1-34).

tres, avec leurs armures de bronze, avec leurs hanaps où brillait la joie des festins, avec les couronnes où étincelait hardiment leur amour, c'est là qu'ils devaient apparaître ! Ils se sont courroucés, ils sont rentrés plus profondément encore dans le long sommeil du passé ; ils ont détourné leurs fiers regards de ce langage inconnu, et à peine un rayon est-il venu d'eux jusqu'à vous. — Maintenant cette illusion douteuse s'est dissipée ; elle s'est dissipée devant les pas de meilleurs, de plus aimants. Malgré les obstacles de la sottise et les étonnements de la vanité, des jeunes hommes en foule, avec l'audace du mineur, se sont aventurés avec confiance, à la suite de nos ancêtres, parmi les rochers maudits, redoutés ; et, salués avec une tendresse paternelle par les esprits anciens et fidèles, ils ont exploré plus d'une cachette précieuse, et ont rapporté plus d'un trésor.

LES CHANTS POPULAIRES ET LES CONTES

Une autre forme, plus importante encore, du retour aux sources nationales de la poésie, est la recherche et la publication des anciens chants populaires (*Volkslieder*) où s'exprime l'âme allemande. Là aussi, Herder avait, le premier, fait entendre un appel éloquent[1] :

LA POÉSIE POPULAIRE D'APRÈS HERDER

Les chants populaires, les contes, les légendes nous appartiennent aussi. Ils sont en quelque sorte le résultat de la croyance d'un peuple, de sa sensibilité, de ses facultés, de ses efforts ; on croit, parce qu'on ne sait pas ; on rêve, parce qu'on ne voit pas ; on agit avec son âme tout entière, simple encore et non développée. C'est là un grand objet pour l'historien de l'humanité, pour le poète, le critique, le philosophe... — L'ancienne mythologie wende, souabe, saxonne, holste, dans la mesure où elle vit encore dans les traditions et les chants populaires, reçue avec sincérité, contemplée avec netteté, exposée avec fécondité, serait réellement un trésor pour le poète et pour l'orateur de son peuple, pour le moraliste et le philosophe...

Et plus loin, généralisant ses observations[2] :

1. Herder, *Von Aehnlichkeit der mittleren englischen und deutschen Dichtkunst*, p. 104.
2. Id., *ibid.*, p. 116.

Nous connaissons infiniment plus de peuples que n'en connaissaient les Grecs et les Romains. Mais comment les connaissons-nous ? Est-ce du dedans ? par leur âme même ? par leurs sentiments, leurs paroles et leurs actions ? — Il devrait en être ainsi, et il n'en est guère ainsi. L'historien et le géographe positif décrivent, peignent, représentent : ils représentent ce qu'ils voient, d'après leur propre tempérament, subjectivement ; ils mentent, même alors qu'ils ne veulent pas mentir. — Le seul remède à cela est aisé et évident. Tous les peuples non policés chantent et agissent... Leurs chants sont les archives du peuple, le trésor de sa science et de sa religion, de sa théogonie et de sa cosmogonie, des exploits de ses ancêtres et des événements de sa propre existence, le reflet de son cœur, l'image de sa vie domestique, dans la douleur et dans la joie, du berceau à la tombe. Un petit recueil de pareils chants, recueillis sur les lèvres de chaque peuple, dans son propre langage, bien compris, bien expliqués, accompagnés de leur musique... ; voilà qui nous donnerait des connaissances plus précises que les bavardages des voyageurs.

LA POÉSIE POPULAIRE D'APRÈS A.-G. SCHLEGEL

Mais cette conception, si divinatrice et si féconde, restait vague dans le détail. Herder citait pèle-mêle, comme dignes d'intérêt et d'admiration, des poèmes conscients, véritables œuvres littéraires, des traditions orales comme les contes recueillis par les Grimm, des *Lieder*, etc... Trente ans après lui, Schlegel, à Berlin, distinguait soigneusement la *poésie naturelle* (ou soi-disant telle) que du temps de Herder on se plaisait à opposer à la *poésie artificielle* (ou d'*art*) : Homère opposé et préféré à Virgile — et la véritable poésie populaire, telle que les romantiques l'entendaient : celle des *Volkslieder*[1] :

Il est important en premier lieu de délimiter convenablement la notion de *poésie populaire*, et de rester fidèle à la définition qu'on en aura donnée... On a beaucoup trop souvent confondu la *poésie naturelle* en général avec la *poésie populaire* proprement dite. Même Herder, dans l'Introduction à ses *Chants populaires*, commet cette erreur : il avance les noms d'Homère, d'Hésiode, d'Orphée et d'Ossian. Cela est tout à fait inexact : une poésie dans laquelle s'exprime la plus haute culture d'un siècle, ne peut être appelée poésie populaire, si ce dernier terme doit signifier quelque chose.

---

[1]. A.-W. Schlegel, *Vorlesungen* [de Berlin], t. III, p. 160.

SOURCES NATIONALES DU ROMANTISME ALLEMAND

On doit limiter cette dénomination aux chants [1] qui ont été composés expressément pour les classes inférieures et parmi elles, pendant que les classes supérieures possédaient une culture qui leur était exclusivement propre et des productions poétiques en rapport avec cette culture.

LE RECUEIL D'ARNIM ET BRENTANO

C'est à ces exigences de plus en plus conscientes et précises que le groupe romantique de Heidelberg, peu d'années plus tard, s'efforçait de répondre. Achim von Arnim [2] et Clemens Brentano [3], beaux-frères et compagnons d'efforts, publiaient de 1806 à 1808 le recueil de chansons ou chants populaires intitulé *Le Cor merveilleux de l'enfant* (*Des Knaben Wunderhorn*), annoncé dès 1805 par les lignes suivantes [4] :

Nous annonçons la première collection importante d'anciennes chansons [5] allemandes, du genre de celles que les modernes appellent *romances* ou *ballades* ; les siècles passés les trouvaient et les transmettaient sous forme de chants ; c'est sous cette forme que nous les avons recueillies de la bouche du peuple, dans des livres et dans des manuscrits, classées et complétées [6]. La richesse de ces chants nationaux n'échappera pas à l'attention du public ; ils surprendront plus d'un lecteur, ils compléteront ou rendront inutile plus d'un effort de notre siècle. Nous attendons beaucoup de la vie robuste et joyeuse qui anime ces chansons : des accents plus variés et plus pleins dans la poésie ; un écho de pensées vraiment sincères...

Le premier volume, dédié à Gœthe, contenait 210 pièces. Le succès du livre fut immense, et il est resté très populaire. Bien des années plus tard, Heine [7] quittait, pour en parler, le ton satirique et railleur qui est presque constamment celui de son livre sur l'*École romantique* [8] :

1. *Lieder*.

2. Achim von Arnim (1781-1831), épouse Bettina, sœur de Clemens Brentano, publie avec ce dernier *Des Knaben Wunderhorn* (1806-1808), écrit des romans historiques et autres, et des nouvelles.

3. Clemens Brentano (1778-1842), catholique et mystique, poète lyrique et auteur de romans rustiques.

4. A. (= Arnim) dans *Intelligenzblatt der Jenaischen Allgemeinen Litteraturzeitung*, 1805, n° 106 — cité par Max Koch, *Deutsche National-Litteratur*, coll. Kürtschner, n° 146. t. I, p. LXI.

5. *Lieder*.

6. *Sic*. Les auteurs ne s'expliquent nulle part sur la nature et l'importance des changements opérés pour *compléter* ces chants populaires.

7. Heinrich Heine (1797-1856), n'a guère été romantique que dans ses tragédies de jeunesse, s'éloigne ensuite de l'école et l'accable de railleries acérées. Sa *Romantische Schule* est de 1833.

8. H. Heine, *Die Romantische Schule* (*Werke* [Elster]. t. V. p. 310).

Je ne puis faire assez l'éloge de ce livre. Il contient les plus précieuses fleurs du génie allemand, et celui qui veut connaître le peuple allemand sous son aspect sympathique doit lire ces chants populaires. En ce moment, ce livre est là devant moi, et c'est comme si je respirais le parfum des tilleuls allemands. Le frontispice représente un petit garçon soufflant dans un cor, et quand un Allemand, en pays étranger, regarde cette figure, il lui semble presque entendre les vieux airs familiers, et le mal du pays se glisse en lui... Dans ces chansons on entend battre le cœur du peuple allemand.

LES LIVRES POPULAIRES : GÖRRES

Une dernière contribution du romantisme à la rénovation de la poésie par le retour aux sources nationales, est la publication ou la réédition de romans populaires. Ce fut l'œuvre de Görres [1], qui enseignait à Heidelberg au moment où Arnim et Brentano y rassemblaient leur *Wunderhorn*. Il proclamait dans son *Introduction* aux *Livres populaires allemands* l'intérêt et la légitimité de la littérature populaire [2] :

En aucun sens la littérature n'a conquis un domaine plus vaste et un développement plus général que lorsque, débordant du cercle fermé des classes supérieures, elle a passé aux classes inférieures de la société, s'y est établie, est devenue peuple avec le peuple, chair de sa chair, vie de sa vie. Comme l'épi se dresse à côté de l'épi dans les champs ; comme le brin d'herbe se serre contre le brin d'herbe ; comme sous la terre les racines s'entremêlent aux racines ; et comme la nature, invariable mais inlassable, répète une parole qui est toujours la même et qui est toujours nouvelle : de même agit l'esprit dans ces sortes de productions. Comment ne pas voir que, dans la littérature raffinée, chaque année dévore les œuvres d'un jour, comme Saturne dévorait ses enfants ? Tandis que ces livres-là vivent d'une vie immortelle. Pendant des siècles ils intéressent des milliers de lecteurs, un public innombrable ; jamais ils ne vieillissent ; visiteurs qui reviennent pour la millième fois, ils sont toujours les bienvenus... Ils forment en quelque sorte l'élément primitif de chaque littérature, le noyau de sa vie propre, le fondement intérieur de tout son être physique, tandis que sa vie supérieure se

---

1. Joseph von Görres (1776-1848), d'abord propagateur des idées révolutionnaires françaises, puis professeur (libre) à Heidelberg, où il fréquente intimement Arnim et Brentano, puis publiciste extrêmement populaire, discuté et poursuivi, défenseur de la papauté et de la mystique catholique, joue un rôle de premier ordre dans le mouvement des idées politiques.
2. Görres, *Die teutschen Volksbücher*, Heidelberg, 1807 — *Einleitung*.

développe parmi les classes cultivées. A-t-on bien fait de mépriser ces écrits comme des avortons obtus de l'esprit populaire ? et de tromper le public par des restrictions arbitraires ?

Cette littérature simple ou populaire n'est pour cela ni basse ni grossière. Les productions que le peuple a enfantées ou adoptées se distinguent au contraire par leur caractère de réserve et de pureté :

Il y a un autre point auquel nous devons faire une attention particulière : nous repoussons complètement la *vulgarité* comme telle, et nous la distinguons complètement de *l'esprit populaire*, du sentiment populaire, qui ne communiquent avec elle que par leur dégénérescence et leur corruption.

Et l'auteur conclut par ces mots :

Après avoir bien pesé toutes ces considérations, l'idée d'une littérature populaire ne nous paraîtra nullement si méprisable en elle-même qu'elle pouvait le paraître au premier coup d'œil. Le grand État des Lettres peut avoir, lui aussi, sa Chambre Basse, où la nation elle-même est directement représentée.

A CONSULTER. — Georg BRANDES, *Die Haupströmungen der Literatur des neunzehnten Jahrhunderts* ; übersetzt und eingeleitet von Adolf Strodtmann. Leipzig, 6 vol. in-16, t. II : *Die Romantische Schule in Deutschland*: R. HAYM, *Die Romantische Schule*. Deuxième éd. Berlin, 1906, in-8 : Ricarda HUCH, *Blüthezeit der Romantik*. Leipzig, 1899, in-8 ; ID., *Ausbreitung und Verfall der Romantik*. Leipzig, 1902, in-8 ; SPENLÉ, *Novalis et l'idéalisme mystique*. Paris, 1903, in-8 ; ROUGE, *Frédéric Schlegel et la genèse du Romantisme allemand*. Paris, 1904, in-8 ; O.-F. WALZEL, *Deutsche Romantik*. Leipzig, 1908. *Deutsche National-Litteratur* (collection Kürtschner): Œuvres choisies avec des introductions détaillées. Stuttgart, in-8. T. 143 : Les Schlegel. 144 (1 et 2): Tieck. 145 : Tieck et Wackenroder. 146 (1-4): Arnim, Brentano, Görres, Fouqué, Eichendorff ; Th. ZIEGLER, *Die geistigen und sozialen Strömungen des neunzehnten Jahrhunderts*. Nouvelle édition, Berlin, 1911, in-8.

TROISIÈME PARTIE

LE MOUVEMENT ROMANTIQUE EN ITALIE

CARACTÈRES GÉNÉRAUX

Le romantisme italien est plus restreint en tous les sens que les mouvements analogues de France, d'Allemagne et d'Angleterre ; mais, portant sur quelques points précis, l'effort n'en est que plus intéressant et n'en fut que plus utile. — Il est compris dans un espace de temps très limité, les manifestations des novateurs s'encadrant entre 1816 et 1825. A cet égard, on remarquera qu'il se greffe en quelque manière sur le romantisme allemand, directement par A.-G. Schlegel, indirectement par Mme de Staël. — Il n'intéresse pas indifféremment toutes les régions de l'Italie, le centre des manifestations romantiques et le champ de bataille des discussions étant Milan : Milan plus voisine des influences françaises et allemandes, Milan où résident ou que traversent tant d'étrangers fameux, aux idées souvent hardies, aux œuvres évocatrices d'un idéal nouveau. Florence, au contraire, reste à la même époque la citadelle du classicisme. — Enfin, venu plus tard, à une heure où les aspirations d'abord confuses du premier romantisme se trient et s'éclaircissent ; né chez un peuple latin, ami des idées claires et des solutions pratiques, le romantisme italien se circonscrit à un petit nombre de questions. Beaucoup plus que de sentiments ou d'inspirations nouvelles, il s'agit de formes à renouveler ou à modifier ; beaucoup plus que de littérature et de poésie en général, il s'agit ici de poésie, de drame, de roman italiens. Et, volontiers, toute autre préoccupation cède le pas à l'intérêt patriotique. Le romantisme italien est national, comme le romantisme allemand, et un peu pour les mêmes raisons politiques : il tend à créer une poésie populaire, un drame italien. De même, il est protestataire, au moins par ses plus ardents représentants : il aspire à la liberté de l'Italie.

Comme chez les Anglais, on remarquera chez les Italiens que les tempéraments et les idées ne sont pas toujours en correspondance. Des natures ardentes ou inquiètes, révoltées ou mélancoliques, un Foscolo, un Leopardi, professent une esthétique purement classique et violemment anti-romantique. Par contre, le sage, le pondéré et même timide Manzoni incarne à lui seul une grande part du romantisme italien.

Celui-ci n'est pas un moment décisif de l'histoire des idées dans la nation italienne. Dans ce pays qui tient de tant de manières à l'idéal classique, il était destiné à ne pas s'enraciner profondément. Il a fait remuer des idées fort importantes, plutôt qu'il n'a enfanté des chefs-d'œuvre. Aussi est-on allé récemment jusqu'à dire que « le romantisme italien n'existe pas. » Cependant il a eu son nom, ses programmes successifs, ses chefs. Il renouvelle et assainit l'air confiné de l'Arcadie et des classiques idolâtres et exclusifs. Il continue l'œuvre du Rinnovamento de la fin du XVIIIᵉ siècle. Il sépare nettement l'âge classique de l'âge moderne, en faisant prévaloir le point de vue historique, le sens du relatif, le goût des littératures nationales.

La division adoptée tient le plus grand compte de la chronologie et embrasse à peu près complètement la courte période du romantisme proprement dit, de ce qu'on pourrait appeler l'école romantique italienne ou l'école de Milan. Mais il ne peut être question ici de remonter aux origines du romantisme italien, fait de tendances littéraires et d'influences étrangères qui remplissent la deuxième moitié du XVIIIᵉ siècle, et qui ne donnent que rarement lieu à des aperçus explicites comme ceux qui éclairent les débuts du mouvement romantique anglais.

CHAPITRE I

INFLUENCES ÉTRANGÈRES ET POÉSIE NATIONALE

INFLUENCE DES POÈTES ÉTRANGERS. RELATIVITÉ DE L'ART ET DU GOUT : BERCHET. L'ORIGINALITÉ || IDÉE D'UNE POÉSIE NATIONALE ET MODERNE, MORALE ET ÉDUCATIVE. DI BREME. LA DOCTRINE DE MANZONI || LE ROMANTISME COMME GENRE DE LITTÉRATURE. LA LITTÉRATURE ITALIENNE EST ROMANTIQUE || ASPECT DU ROMANTISME POUR SES DÉTRACTEURS : MONTI. LEOPARDI.

INFLUENCE DES POÈTES ÉTRANGERS

Au moment de la chute de l'Empire, les poésies anglaise et allemande, dans quelques-uns de leurs aspects les plus caractéristiques, étaient déjà goûtées depuis longtemps en Italie. La poésie ossianique avait eu dans la traduction de Cesarotti un profond et durable succès ; la poésie nocturne et sépulcrale de Young et de Hervey avait inspiré quantité de répliques et d'imitations ; Klopstock, Gessner, Gœthe, étaient plus ou moins connus et appréciés. Le terrain était donc prêt pour le combat qui s'ouvrit en 1816 à Milan. Mme de Staël passait en Italie l'hiver 1815-1816 : la *Biblioteca Italiana,* nouveau périodique, inséra en tête de sa première livraison (janvier 1816) un article d'elle, que Pietro Giordani mit en italien, sur *La manière de traduire et l'utilité des traductions.* Elle y conseillait aux Italiens de multiplier les traductions d'œuvres littéraires, françaises ou septentrionales ; d'abandonner la mythologie ; en un mot, de renouveler leur littérature à des sources romantiques. Cet article fut le signal. On l'attaqua, on le défendit, souvent avec des injures plus qu'avec des raisons ; l'auteur reprit la parole : les pamphlets, les dialogues, les satires se multiplièrent. Dans ce fouillis de ripostes et de contre-ripostes, où l'amour-propre national, les rivalités de provinces, les haines personnelles jouent un grand rôle, deux documents retiennent l'attention : le *Discours* de Ludovico Di Breme [1] *sur l'injustice de quelques jugements littéraires* (commencement

---

1. Ludovico Arborio Gattinara Di Breme (1781-1820), fils d'un haut fonctionnaire du Royaume d'Italie, lui-même, avec le titre d'abbé, conseiller d'État, etc... s'adonne aux lettres après le retour des Autrichiens, fait la connaissance de Mme de Staël à Milan en juin 1816, est par elle conquis aux idées romantiques, passe un mois et demi à Coppet (août-septembre). A Milan, il voit intimement et reçoit Monti, Stendhal, Byron.

de juin 1816), et la *Lettre semi-sérieuse de Grisostomo,* par Berchet [1]
(fin de la même année), véritable manifeste du romantisme. Di Breme,
dans son ardeur à défendre Mme de Staël, et surtout Berchet, très
au courant des littératures du Nord, élargissent le débat et sèment
des idées qui vont être reprises dans les polémiques ultérieures.

DROITS ÉGAUX DES DIVERSES POÉSIES : BERCHET

Les poésies classiques, grecque ou latine, italienne ou française,
n'ont pas le monopole du beau (cf. Wackenroder, p. 30): le beau est
le produit de circonstances qui varient avec les civilisations [2] :

Comme la délicatesse dans la manière de sentir, de même la
hardiesse dans la manière d'exprimer poétiquement les sensations,
est pareillement déterminée dans chaque peuple par des circonstances
dissemblables.

L'homme de goût admet tout, comprend tout, et professe une égale
admiration pour les grands poètes de toutes les écoles [3] :

La nature ignore complètement nos décisions et nos classifica-
tions de siècles inimitables, de littérature classique et non classique... Je parierais ...que la nature met dans une seule classe
Homère, Dante, Shakespeare, Sophocle.

Le cosmopolitisme romantique va jusqu'à l'adoption, pour Berchet [4] :

J'estimerais peu sage celui qui dans les discussions littéraires in-
troduirait les rancunes et les rivalités nationales. Homère, Shakespeare, Calderon, Camoens, Racine, Schiller sont pour moi Italiens
de patrie tout autant que Dante, Arioste, Alfieri.

RELATIVITÉ DE L'ART ET DU GOUT

Il n'y a donc pas un beau unique : chaque genre de beau poétique
doit être étudié et compris dans ses rapports avec le milieu qui l'a vu

1. Giovanni Berchet (1783-1851), originaire de Nantua, né à Milan, apprend, pour le
commerce, les langues, et traduit du français, de l'anglais (Gray, Goldsmith) et de l'allemand
(Schiller, Bürger) ; sa *Lettera semiseria di Grisostomo* sert d'introduction à la traduction de
deux ballades de Bürger, *Der Wilde Jäger* et *Lenore.* Suspect à l'Autriche, il s'enfuit à
Londres, et publie des poésies ou *romances* sentimentales et politiques, d'allure romantique
(*Il Romito del Cenisio, Il Trovatore,* etc...) de 1824 à 1827 ; puis les *Fantasie* (1829),
évocation de la Ligue lombarde du moyen âge.

2. Berchet, Œuvres, Milan, 1863, p. 208 (*Sul Cacciatore feroce e sulla Eleonora di G.-E.
Bürger, Lettera semiseria di Grisostomo*) — cité par Borgese, *Storia della Critica romantica,*
p. 78.

3. Ludovico Di Breme, *Intorno all' ingiustizia di alcuni giudizi letterari, discorso* ; Milan, 1816.

4. Berchet, *ibid.*

naître. Le romantisme italien se place à un point de vue nettement historique, et certains textes font penser à la théorie des milieux exposée par Taine. Ainsi Ermes Visconti [1], qui se confine trop sur le terrain du sujet et de la matière de l'œuvre d'art, publiant en 1818 ses *Idées essentielles sur la poésie romantique* [2] :

L'influence des opinions et des événements sociaux sur les lettres ne peut consister en autre chose que dans le fait de fournir des sujets à traiter, des passions et des mœurs à exprimer, un idéal donné à imiter, une espèce donnée de religion, de superstitions ou de prodiges ; et enfin à déterminer les esprits à donner plutôt une forme extérieure qu'une autre aux compositions.

De même Berchet, prenant ses exemples dans la littérature de l'Inde, dont on venait de traduire le *Sakountala* de Kalidasa, et par conséquent élargissant l'horizon littéraire d'une manière intéressante [3] :

On ne peut comprendre Kalidasa sans avoir quelque idée du climat, de l'histoire naturelle, des mœurs, de la religion des Indous ; car les beautés de l'ouvrage dérivent en grande partie de l'abondante fraîcheur de la couleur locale.

Par *couleur locale,* il entend

…ces modifications dans les images, les idées, les sentiments, le style, qui les rendent exclusivement ou presque exclusivement propres à cet état de la nature humaine ou à ce moment de la civilisation que le poète choisit pour l'imiter.

ORIGINALITÉ

Par conséquent, la connaissance des littératures étrangères, même et surtout des plus neuves, est utile en ce qu'elle force à sortir des routines classiques, en ce qu'elle place le lecteur devant d'autres genres de beauté, qui aideront par leur multiplicité même la poésie italienne à prendre conscience de son propre caractère. Il faut étudier Anglais et Allemands, Scandinaves et Orientaux, non pour faire comme eux, mais pour, en pénétrant leur originalité, apprendre à être soi-même aussi original qu'eux. Là-dessus tous les romantiques sont d'accord. A l'auteur d'une *Romanticomachia* Berchet répond [4] :

1. Le marquis Ermes Visconti, Milanais (1784-1841), ami de Manzoni et l'un des rédacteurs du *Conciliatore*.
2. Ermes Visconti, *Idee elementari sulla poesia romantica*, dans le *Conciliatore* (n°° 23 à 28 — 1818) — cité par Borgese, p. 208.
3. Berchet, *ibid.*, p. 273.
4. Berchet, dans le *Conciliatore*, p. 65 — cité par Borgese, p. 102.

Les romantiques estiment bien des parties des poésies attribuées à Ossian, mais ils n'en ont jamais conseillé l'imitation.

[1] En recommandant la lecture de poésies étrangères, nous n'entendons pas suggérer aux poètes italiens l'imitation. Nous voulons au contraire que ces poésies servent à élargir les limites de leur critique.

Ermes Visconti montre que l'œuvre littéraire, par sa beauté même, résiste à la transplantation [2] :

Celui qui voudrait se proposer pour guides Ossian, Sakountala, l'Edda, ces choses tout à fait étrangères à nous par leur caractère et leur origine, passerait pour doué de peu de bon sens. Elles n'ont pas de grâce, si elles ne viennent pas de leur pays natal ; mais alors, celui qui les méprise a tort réellement, révèle un esprit de clocher, un goût inféodé à l'habitude.

IDÉE D'UNE POÉSIE NATIONALE ET MODERNE

La poésie classique s'attarde à reproduire une nature humaine dans laquelle la convention a usurpé peu à peu le domaine de la vérité, et qui étant de tous les pays n'est d'aucun pays, étant de tous les temps n'est d'aucun temps. Il faudrait *imiter la nature,* mais laquelle ? (cf. Hurd, p. 6) — Celle de chez nous et d'aujourd'hui [3] :

Beaucoup de gens affirment que de ces écoles transplantées [de Constantinople en Italie, au xvᵉ siècle] naquit la doctrine suprême, celle de l'imitation de la nature. Mais cette imitation de la nature doit être directe, et non imitation de celle que conçurent les Grecs, si différents et si éloignés de nous. En vue donc de l'imiter, élevons-nous à rivaliser avec elle dans la même création, et si nos doctrines religieuses, morales, scientifiques, si nos croyances, si nos récentes émotions ont amplifié tellement le champ de l'invention, mesurons toute l'ampleur de cet horizon, lançons-nous dans cette immensité, tentons courageusement les régions de l'infini qui nous sont accordées.

Le poète doit s'inspirer des idées et des sentiments habituels à ses lecteurs (cf. Wordsworth, p. 20). C'est la règle des Allemands, fait remarquer Berchet. Cette règle [4],

---

1. Berchet, *Lettera...,* p. 357 — cité par Borgese, p. 80.
2. E. Visconti, *Idee elementari...* — cité par Borgese, p. 108.
3. Ludovico Di Breme, *Discorso...* — cité par Muoni, *Ludovico di Breme e le prime polemiche intorno a Madama di Staël ed al Romanticismo in Italia* (1816), p. 94.
4. Berchet, *Lettera...,* p. 212.

INFLUENCES ÉTRANGÈRES ET POÉSIE NATIONALE

Je ne crois pas me tromper en disant qu'elle est extrêmement près de la vérité. Et si, en l'appliquant à l'histoire de l'art, et en la prenant pour guide dans le jugement à porter sur les œuvres des poètes qui *ont été*, elle peut nous paraître trop hasardeuse, il me semble qu'en la considérant comme un conseil aux poètes *qui sont* aujourd'hui, et en l'admettant avec discernement, elle est tout à fait inviolable. — Je ne cesse de recommander l'originalité, et le choix de sujets adaptés à notre état social actuel.

Quelques-uns repoussent le terme même de *romantique*, comme désignant trop exclusivement la poésie propre aux races du Nord, les ténèbres, le vague, le mystère. En ce sens, l'Italien ne doit pas être romantique : il doit être de chez lui. Romagnosi[1] invente un troisième terme qu'il tire du grec[2] :

Le lecteur. — Es-tu romantique ?

L'auteur. — Non, monsieur.

Le lecteur. — Es-tu classique ?

L'auteur. — Non, monsieur.

Le lecteur. — Qu'es-tu donc ?

L'auteur. — Je suis *hélikiastique*[3], si tu veux que je te le dise en grec, c'est-à-dire que je m'accommode aux époques.

LA POÉSIE MORALE ET ÉDUCATIVE

Les romantiques italiens se proposent un but moral, social, patriotique. En entretenant le lecteur de sa situation réelle, de ses destinées, la poésie se fera guide et éducatrice de la nation. Là-dessus, des hommes comme Berchet, Silvio Pellico, en pensent bien plus qu'ils ne peuvent en dire : on devine dans quel sens d'affranchissement national la poésie nouvelle devra, pour eux, guider l'Italie. Le *Conciliatore*, leur journal littéraire, de plus en plus suspect, finit par être supprimé par le gouvernement autrichien, après une existence brève, mais glorieuse et bien remplie (septembre 1818-octobre 1819). — La poésie sera donc utile moralement[4] :

Les romantiques ont senti que la plus véritable des muses est la philanthropie, et que leur art avait un but bien plus sublime que le plaisir momentané de quelques oisifs.

La poésie a pour but d'améliorer les mœurs des hommes, d'ennoblir les âmes, de satisfaire les besoins de l'imagination et du cœur :

---

1. Giandomenico Romagnosi (1761-1835), jurisconsulte et économiste.
2. Romagnosi, dans le *Conciliatore*, n° 5 — cité par Borgese, p. 99.
3. *Hélikiastico*. ἡλικιαστικός, formé de ἡλικία, âge, époque.
4. Berchet, *Lettera...*, p. 222 et 227.

car la tendance à la poésie, pareille à tout autre désir, éveille en nous de véritables besoins moraux.

LA DOCTRINE DE MANZONI

Mais surtout Manzoni[1] ne sépare pas la vérité morale de la vérité historique et de la beauté littéraire. Nul n'a été plus que lui ennemi de l'art pour l'art. Ces idées s'expriment dans sa *Lettre au marquis Cesare D'Azeglio* (qu'on désigne parfois sous le nom de *Lettre sur le romantisme*)[2] :

Le principe, nécessairement d'autant plus indéterminé qu'il est plus étendu, me semble pouvoir être celui-ci : que la poésie, ou la littérature en général, doit se proposer l'utile pour but, le vrai pour sujet, et l'intéressant pour moyen. Elle doit par conséquent choisir les sujets pour lesquels la masse des lecteurs a ou aura, à mesure qu'elle deviendra plus cultivée, une disposition de curiosité ou d'affection, née de rapports réels ; de préférence aux sujets pour lesquels une classe seule de lecteurs a une affection née d'habitudes scolaires, et la multitude un respect qui n'est ni senti, ni raisonné, mais qui est reçu aveuglément. Et, en tout sujet, elle devra chercher à découvrir et à exprimer la vérité historique et la vérité morale, non seulement comme fin, mais comme la plus abondante et éternelle source de beauté ; puisque, dans l'un comme dans l'autre ordre de choses, le faux peut bien plaire, mais ce plaisir, cet intérêt, sont détruits par la connaissance du vrai, et par suite restent temporaires et accidentels... La vérité historique et la vérité morale engendrent, elles aussi, un plaisir, et ce plaisir est d'autant plus vif, est d'autant plus stable que l'esprit qui le goûte est plus avancé dans la connaissance du vrai : c'est ce plaisir que la poésie et la littérature doivent se proposer de faire naître. Tel me semble être, bien abstraitement, le dernier résultat des opinions sur l'élément positif du romantisme.

Torti[3], un des fervents du romantisme à la Manzoni, pur d'éléments exotiques, moderne, moral et volontiers religieux, en exprimait l'idéal[4] :

1. Alessandro Manzoni (1785-1873), noble milanais, d'abord classique de goûts littéraires comme l'était le groupe des idéologues qu'il fréquenta longtemps à Paris (1801-1809), donne ses odes d'inspiration chrétienne et moderne de 1812 à 1822 (*Inni sacri*, *Il Cinque Maggio*), ses deux tragédies romantiques (*Carmagnola*, 1820 ; *Adelchi*, 1822) et son roman historique *I Promessi Sposi* (1827) ; il devient dans tous les genres le chef du romantisme italien.

2. Manzoni, *Lettera al marchese D'Azeglio* (20 sett. 1823). U. Hoepli, édit. Milan.

3. Giovanni Torti (1774-1852), Milanais, disciple de Parini, ami de Grossi et de Manzoni, auteur de poésies d'intention romantique, d'une *Lettera intorno ai « Sepolcri » del Foscolo e del Pindemonte* (1809), et de quatre *Sermoni* (en vers) *sulla Poesia* (1818).

4. G. Torti, *Sulla Poesia*, *Sermoni*.

Parole ingénue, chaste et limpide, qui par la joie, l'espérance ou la crainte, la terreur ou la pitié, étreint ou console ; vive, fidèle, universelle peinture de l'homme d'abord, et de là, domaine par domaine, de la nature tout entière dans son immensité ; ample savoir, sagesse nourrie des lettres divines et humaines ; tel est le type de l'art que conçoit ma pensée. Il est le charme sacré, il est la puissance des affections, il est dirigé de manière que la justice et l'innocence deviennent volupté.

LE ROMANTISME COMME GENRE
DE LITTÉRATURE

Ainsi par la connaissance, la traduction, l'imitation judicieuse des poésies germaniques, par la réaction contre la poésie pseudo-classique artificielle, par la tendance à créer une poésie italienne nationale, éducative et moralisatrice, se constitue l'idée de la poésie romantique italienne : elle devra participer des caractères généraux de la poésie romantique européenne (cf. A.-G. Schlegel, p. 38) qui s'oppose au groupe classique (cf. Mme de Staël, p. 88). Ainsi Berchet [1] :

Pourquoi ne pourrais-je distribuer les productions de l'art en tribus différentes, en classiques et en romantiques ? Et si ceux de la seconde tribu ont en eux quelque chose qui puisse exprimer intimement le caractère de la civilisation européenne de l'heure présente, devrai-je les rejeter seulement parce que leur visage diffère du visage de la première tribu ?

Di Breme voudrait constituer une poétique romantique [2] :

Que le romantique soit en lui-même un genre consacré de littérature, il n'y a plus à le mettre en doute ; il reste cependant à désirer une poétique plus complète et mieux définie de ce genre. Je crois que cette œuvre serait à tenter en Italie avec plus de succès qu'ailleurs.

Les romantiques, pour Berchet, sont les chrétiens [3] :

Les romantiques interrogèrent directement la nature, et la nature ne leur dicta ni des idées ni des sentiments antiques, mais des sentiments et des principes modernes. Ils interrogèrent la croyance du

1. Berchet, *Lettera...*, p. 218.
2. Ladovico Di Breme, *Discorso...* — cité par Muoni, p. 48.
3. Berchet, *Lettera...* — cité par Muoni, p. 55.

(65)

5

peuple, et en eurent en réponse les mystères de la religion chrétienne, l'histoire d'un Dieu rédempteur, la certitude d'une vie future, la crainte d'une éternité de peines.

LA LITTÉRATURE ITALIENNE EST ROMANTIQUE

En méditant sur les caractères extérieurs des poésies du groupe romantique, comparées à la poésie pseudo-classique, plusieurs Italiens s'aperçoivent que la littérature de leur pays, loin d'être classique en ce sens étroit du mot, présente une magnifique série d'œuvres de sujet et d'allure romantiques, inspirées par le christianisme, la chevalerie, les enchantements, les légendes du moyen âge, et découvrent avec satisfaction que c'est la littérature romantique qui est indigène dans le pays de Dante et de l'Arioste, et non l'autre. Ainsi un certain Mangiagalli [1] :

La régénération de la littérature, qui a commencé pour nous au siècle dernier, consiste à nous avoir séparés et émancipés, non pas des Grecs et des Latins, mais des pédants du xvᵉ siècle, lesquels nous avaient fait confondre avec l'art antique les choses qui en forment le sujet et le mode accidentel qu'il a pris.

C'est ainsi que le *Conciliatore* s'amusait à faire signer du Tasse un article contre la mythologie ; c'est ainsi que Diodata Saluzzo fait dire à *La Poésie nouvelle,* s'adressant à Manzoni [2] :

Souvent avec les fées et les démons je me suis dressée devant Torquato, devant Alighieri ; j'ai chanté avec Lodovico et les doux transports et les preux errants ;

J'ai peint avec eux les vigoureux, horribles géants, et les tournois, et les hauts manoirs : ce sont ceux-là qui m'ont vêtue de ma nouvelle robe de fer ;

Et je ris de voir qu'on appelle *nouvelle* l'imagination et la fantaisie de mes poètes...

Un peu plus tard, Mazzini disait [3] :

Les vrais romantiques ne sont ni écossais, ni boréaux : ils sont italiens, comme Dante quand il fondait une littérature à laquelle il ne manquait, de romantique, que le nom.

---

1. Ambrogio Mangiagalli, *Del Classicismo e del Romanticismo e di rispettivi errori e abusi* — cité par G. Mazzoni. *L'Ottocento,* p. 365.
2. Cité par Mazzoni, p. 207.
3. Cité par Mazzoni, p. 208.

ASPECT DU ROMANTISME POUR SES DÉTRACTEURS

Laissant les policiers aux gages de l'Autriche rédiger l'*Accattabrighe* contre le *Conciliatore*, nous noterons seulement les termes dans lesquels se pose la question pour les deux plus grands adversaires du romantisme, Monti[1] et Leopardi[2].

LE ROMANTISME POUR MONTI

Sur la question de l'imitation des littératures du Nord, Monti ne comprend pas ou feint de ne pas comprendre que, dans l'esprit des novateurs les plus intelligents, il faut les étudier pour y apprendre le secret d'une poésie nationale et locale. Choqué par les imitations trop littérales de quelques-uns, il proteste contre l'introduction de sentiments du Nord et de paysages du Nord dans la poésie italienne :

[3]Tout poète doit peindre la nature : mais celle qu'il a sous les yeux. Je loue donc la poésie septentrionale qui s'accorde parfaitement avec le ciel affreux d'où elle reçoit son inspiration. Mais la poésie italienne, inspirée par un ciel tout joie et tout sourire, n'est-elle pas folle quand elle va chercher des parures parmi les brumes et les glaces de la Grande Ourse, et quand elle s'étudie à peindre une nature dont elle ne peut avoir idée que par l'imitation ?

[4] Si Dieu a fait à l'écrivain la grâce de le faire naître Italien et capable de devenir bon poète, qu'il ne contredise pas le caractère, les mœurs, les usages, les croyances, les goûts de son pays natal, pour devenir poète cosaque, et qu'il n'oblige pas ses lecteurs à se faire cosaques pour l'admirer.

---

1. Vincenzo Monti (1754-1828), Ferrarais, donne ses premières poésies dans le goût classique de l'Arcadie (1779. 1788) mais en s'inspirant de l'actualité archéologique ou scientifique, et avec influence de la Bible, de Milton et de Gœthe. Ses poèmes politiques, contre la Révolution (*Bassvilliana*, 1793) ou pour Napoléon (*Il Bardo della Selva Nera*, 1806), s'inspirent de Dante, de Klopstock, d'Ossian, de Gray. Dans la longue période de sa vie agitée qu'il passa à Milan (depuis 1801), il eut des rapports constants avec les romantiques.

2. Giacomo Leopardi (1798-1837). Sa vie littéraire et errante commence en 1822 : il n'a passé que tard et peu de temps à Milan (1825), et l'on ne trouve parmi ses relations aucun romantique, sauf Manzoni, qu'il entrevit à Florence (1827). Il ne doit à peu près rien qu'à des modèles classiques, grecs, latins, italiens.

3. V. Monti, *Lettera a Carlo Tedaldi-Forcs* ; Milano, 30 novembre 1825 (*Prose scelte di V. Monti* [Fornaciari] Florence, 1895, p. 374).

4. V. Monti, *Proposta di alcune correzioni ed aggiunte al Vocabolario della Crusca*, Milano, 1817-1826, vol. III, parte 2ª, p. CLXIV — cité par R. Fornaciari, dans son édition des *Prose scelte di V. Monti*, p. 375.

LE ROMANTISME POUR LEOPARDI

Les idées de Leopardi sur le romantisme se sont exprimées dans le *Discours d'un Italien sur la poésie romantique*, fort long et d'un extrême intérêt : il a paru dans les *Écrits inédits* en 1906. Leopardi voulait répondre aux arguments des romantiques de la première heure et particulièrement aux *Observations* de Ludovico Di Breme. Mais il n'a pas voulu, ou n'a pas pu, publier ce remarquable morceau. En général, il fait aux romantiques des critiques qu'ils ne méritent pas. Il leur reproche par exemple de tourner le dos à la nature et de ne peindre que la civilisation. Exactement au contraire de ce qu'on s'évertuait à établir dans le camp opposé, il veut que la poésie classique soit la poésie de la nature, et la poésie romantique celle de l'art [1] :

En somme, une des principales différences entre les poètes romantiques et les nôtres, à laquelle se réduisent ou dans laquelle sont renfermées une infinité d'autres différences, consiste en ceci : nos poètes chantent, en général, le plus qu'ils peuvent, la nature, et les romantiques, le plus qu'ils peuvent, la civilisation ; ceux-là les choses, les formes, les beautés éternelles et immuables, ceux-ci les transitoires et les changeantes : ceux-là les ouvrages de Dieu, ceux-ci les ouvrages des hommes.

Il faut dire que pour Leopardi, helléniste de première force, le classique c'est Homère, Hésiode, et quelques autres jusqu'à Moschus, c'est encore Virgile, rien au delà. Il revendique pour les classiques la poésie *primitive* et *naturelle,* qui charme

notre souveraine inclination naturelle au primitif. Nous avons tous passé par l'état de sentiments que représente l'antiquité : c'était dans notre enfance, quand en aucun lieu nous n'étions seuls. — Nous ne sommes plus enfants, disent-ils... Hélas ! non... Mais nous sommes heureux de le redevenir... par la poésie...

Écrit de verve et dans le premier choc des idées, cet ouvrage remarquable ne pose pas la question sur son véritable terrain, par méconnaissance de ce que veulent ou prétendent les romantiques.

---

1. G. Leopardi, *Discorso di un Italiano intorno alla Poesia romantica* (*Scritti vari inediti,* Florence, 1906, p. 204-205). Comparez, du même, *Pensieri* [inédits] *di varia filosofia e di bella letteratura,* Florence, 1898-1900, 7 vol. ; t. I, p. 95 et suiv.

CHAPITRE II

LA QUESTION DE LA MYTHOLOGIE

LES ADVERSAIRES DE LA MYTHOLOGIE : MYTHOLOGIE CLASSIQUE ET LÉGENDES ROMANTIQUES. MANZONI | LA DÉFENSE DE LA MYTHOLOGIE. MONTI.

LES ADVERSAIRES DE LA MYTHOLOGIE

L'un des traits les plus saillants de la poésie classique ou pseudo-classique, dans tous les pays de l'Europe, était l'emploi des fictions mythologiques gréco-latines qui faisaient, depuis la Renaissance, partie constitutive du langage poétique. L'un des efforts principaux du romantisme a, partout, consisté à chasser de la poésie la mythologie, au moins comme langage habituel et mode d'expression. — En Italie, la querelle fut particulièrement vive. Les lettres anciennes y avaient des racines plus profondes ; le pays même avait vu naître les Dieux, et leur souvenir vivait dans les ruines, dans les sites, dans l'air. Les plus grands poètes du temps, Leopardi, Foscolo, Monti, ont été partisans irréductibles de la mythologie, comme devait l'être, mais de manière bien différente, Carducci, le plus grand poète de l'âge suivant. — Cependant les premiers théoriciens du romantisme affirmaient que, pour être nationale et vivante, la poésie nouvelle ne devait s'inspirer que de légendes auxquelles le lecteur ajouterait foi. Cela faisait partie de leur programme de sincérité et d'action morale. Mais alors ils se voient forcés d'interdire les légendes du moyen âge, de la chevalerie, chères à la plupart des romantiques des autres pays, puisque le lecteur italien de 1816 n'y ajoute pas plus foi qu'aux mythes d'Homère. On les voit gênés par ces contradictions.

LA GUERRE A LA MYTHOLOGIE CLASSIQUE

Le poète romantique veut imiter la nature : point de mythologie[1] :

Les classiques sont ceux qui, espérant reproduire les beautés admirées chez les Grecs et les Romains, répétèrent, et plus souvent imitèrent en les modifiant, les mœurs, les opinions, les passions, la

---

1. Berchet, *Lettera...*

mythologie des anciens ; les romantiques, ceux qui interrogèrent directement la nature : et la nature ne leur donna ni des idées ni des passions antiques, mais des sentiments et des maximes modernes.

Il veut exercer de l'action sur les hommes : point de mythologie[1] :

Rendez-vous contemporains de votre siècle et non des siècles ensevelis ; débarrassez-vous des nuages qu'aujourd'hui vous accumulez sur votre style ; débarrassez-vous des mystères sibyllins, des liturgies surannées, de toutes les Vénus et de toutes leurs turpitudes... Faites en sorte de plaire à votre peuple. Pénétrez son âme : nourrissez-le de pensées, et non de vent.

Dans un court poème, *La Colère d'Apollon*, composé en 1816, Manzoni feint qu'Apollon lance sur Berchet sa malédiction ; mais voici les dernières paroles du Dieu[2] :

Qu'il ne puisse monter le coursier ailé ; qu'il ne parcoure jamais l'éther ; qu'il rampe sur le terrain bas de votre monde ; que la brise du Pinde ne respire pas dans son langage : il devra tout puiser dans le fond de son cœur et dans le plus profond de sa pensée.

LES LÉGENDES ROMANTIQUES

Di Breme insérant, à la fin de son *Discours*, un poème intitulé *La Ruine* de Diodata Saluzzo, y voyait un exemple d'une poésie où les mythes antiques seraient remplacés par les légendes chrétiennes — ou féeriques — du moyen âge[3] :

Il me semble que je puis légitimement placer ici un essai de cette poésie qui, rompant avec tout élément mythologique et d'allégorie antique, emprunte toute son efficacité aux mœurs, aux passions, et je voudrais presque dire au goût de ces âges modernes, qui ont, eux aussi, tant de grandeur, de pathétique et d'éclat. Je n'hésiterais pas à apporter cette composition comme exemple de parfait lyrisme romantique.

Mais il remplaçait une mythologie par une autre. Plus méthodique et plus circonspect, Ermes Visconti essayait de délimiter et de fonder en raison l'introduction d'éléments fictifs modernes dans la poésie[4] :

---

1. Id., *ibid.*
2. Manzoni, *L'Ira d'Apollo* (*Opere inedite*, 2 vol. Milan, Richiedei, 1883-1898, t. II).
3. Di Breme, *Discorso...* — cité par Muoni, p. 57.
4. Ermes Visconti, *Idee elementari...* — cité par Borgese, p. 114.

LA QUESTION DE LA MYTHOLOGIE

Les mêmes motifs qui proscrivent la mythologie, commandent aussi de s'abstenir de répéter des aventures imaginaires de paladins, de fées, de magiciens, de décrire des îles et des palais enchantés. Ce sont là également des folies démodées, et l'idéal chevaleresque n'est plus celui vers lequel se tourne le désir de notre intelligence éclairée. Toutefois il est vrai que ces images ont influé sur des vertus, et sur des égarements qui parurent des vertus à de longues générations ; il est également vrai que quelques traces s'en sont conservées jusqu'à nos jours. On pourra donc en utiliser quelques traits en chantant Godefroy, le Cid, François Ier, le comte d'Egmont ou le chevalier Bayard, et autres personnages analogues, du moyen âge ou des temps modernes... Mais Roland, Roger, Sacripant et Astolphe, contentons-nous de les contempler dans les inventions qui jaillirent spontanément dans un siècle qui les demandait, parce qu'il y était accoutumé, parce que la force de l'habitude lui faisait désirer ce genre de beautés.

Il admet, en passant, un principe qui ruinerait sa thèse : on peut, comme Bürger dans sa *Lénore* ou dans son *Chasseur sauvage,* poétiser des légendes populaires. Mais sans préciser à quels signes on discernera ce qui est légende populaire autorisée de ce qui est fable interdite, Visconti conclut par la condamnation absolue de l'*erreur* :

Mais le poète est tenu de renoncer à tout ce qui avilit l'art, en le contraignant à flatter et à perpétuer l'erreur. Le but esthétique des vers doit être subordonné au but supérieur de toutes les études : le perfectionnement de l'humanité, le bien public et le bien privé.

LE DÉBAT RÉSUMÉ PAR MANZONI

Dans sa *Lettre à Cesare D'Azeglio,* Manzoni résume les deux thèses en donnant nettement la préférence aux adversaires de la mythologie[1] :

Quant à la mythologie, les romantiques ont dit que c'était une chose absurde de parler de ce qui est reconnu pour faux, comme on parle du vrai, sous prétexte que jadis on l'a tenu pour vrai ; chose froide, d'introduire dans la poésie ce qui n'entre pas dans les idées, ce qui n'évoque aucun souvenir, aucun sentiment de la vie réelle ; chose ennuyeuse, de recommencer toujours à chanter ce qui est froid et ce qui est faux ; chose ridicule, de le chanter toujours

---

1. A. Manzoni, *Lettera...*

avec sérieux, avec un air d'importance, avec des mouvements factices et artificiels de conviction, d'émerveillement, de vénération, etc... Les classiques leur ont opposé que, quitter la mythologie, c'était dépouiller d'images la poésie, lui retirer la vie ; les romantiques, en réponse, ont allégué toute cette grande part de la poésie moderne qui est fondée sur la religion, ou dont tout au moins la mythologie est absente, et qui néanmoins passe pour poésie très vivante, même chez les classiques. Ceux-ci ont répliqué que la mythologie était un système d'allégories d'une profonde sagesse ; les autres ont répondu que, si sous ces sottes inventions il y avait réellement un sens important et raisonnable, il fallait l'exprimer directement ; que si, dans des temps lointains, on avait cru devoir dire une chose pour en faire entendre une autre, on avait peut-être eu des raisons qui ne s'aperçoivent pas dans notre cas ; de même qu'on ne voit pas pourquoi cet échange d'idées, imaginé une fois, devrait devenir et rester une doctrine, une convention perpétuelle. Les classiques ont dit encore que la mythologie n'est pas autrement ennuyeuse ; et ils en ont apporté pour preuve le sentiment de tant de siècles et des hommes les plus cultivés de ces siècles, lesquels ont fait leurs délices de la fable. Les autres ont répondu que la mythologie, répandue perpétuellement dans les œuvres des écrivains grecs et latins, intimement mêlée à elles, avait naturellement participé de la beauté, de la perfection et de la nouveauté de ces œuvres pour les esprits qui, à la renaissance des lettres, les recherchaient avec curiosité, avec enthousiasme, avec un respect superstitieux, comme il n'est que trop naturel. Cet intérêt pour la mythologie, communiqué par les érudits de profession à la masse des personnes cultivées, identifié, dans les premières impressions de l'adolescence, avec les premières études, maintenu par la lecture de ces œuvres, a dû survivre à sa cause première, l'habitude lui conservant cette vie que la nouveauté lui avait donnée. Mais, concluaient les romantiques, certaines absurdités peuvent bien se prolonger à travers beaucoup de générations, mais non pas être éternelles ; le moment de la chute vient un jour ; et, pour la mythologie, ce moment est venu.

La mythologie, continue-t-il, passera donc, qu'on le veuille ou non : Jupiter n'est pas plus indispensable en poésie qu'Arlequin au théâtre, et le langage mythologique ira rejoindre parmi les antiquités démodées les pointes et le galimatias précieux et solennel du xviie siècle (des *secentisti*).

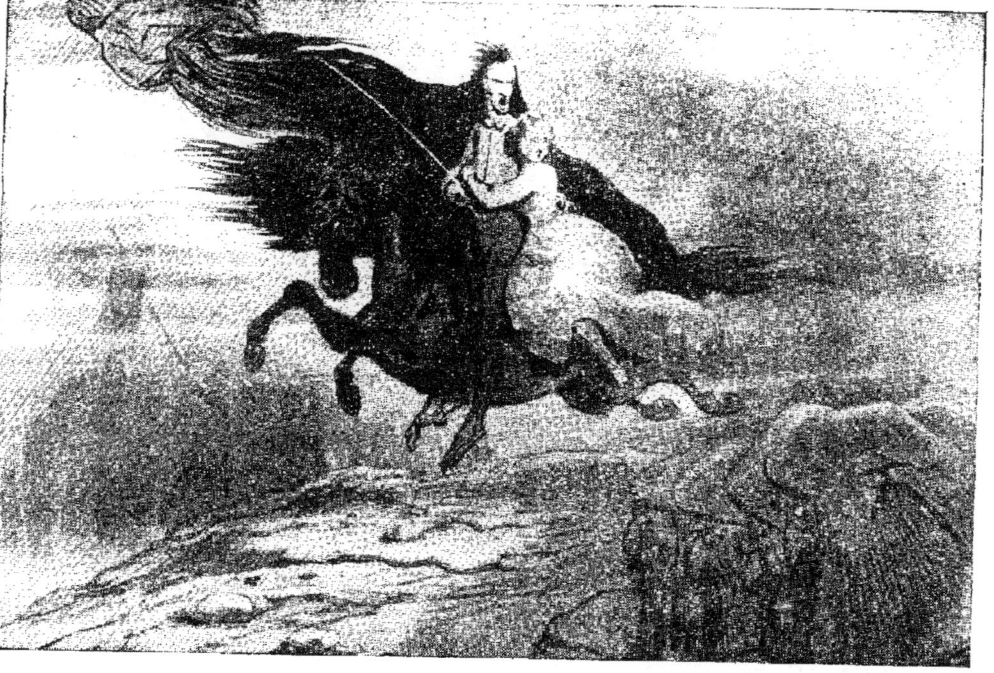

LENORE

d'après la ballade de Bürger, par Tony Johannot

LE ROMANTISME SURNATUREL, MACABRE, FANTASTIQUE, NOCTURNE, TEL QU'IL S'EXPRIME ICI, EST LE SEUL
QUE CONÇOIVENT, POUR LE COMBATTRE, LES ADVERSAIRES ITALIENS DE L'ÉCOLE DE MILAN,
ET PARTICULIÈREMENT MONTI

Tout son groupe milanais y avait renoncé. Carlo Tedaldi-Fores [1] s'écriait dans son *Adieu* en vers à la mythologie [2] :

Et vous, divinités d'Athènes, nobles amours de mes premières études, jeu innocent de mon enfance, adieu pour toujours !... Ce n'est pas sans un soupir de tristesse, chères divinités, que je vous quitte ; je ne fais pas à vos restes une guerre irrespectueuse...

LA DÉFENSE DE LA MYTHOLOGIE

Monti, qui avait dans certains de ses poèmes, la *Bassvilliana, Le Barde de la Forêt-Noire*, donné des gages au romantisme ou à une poésie toute moderne, publie en 1825 son *Discours* (en vers) *sur la Mythologie*. Il y reproche aux novateurs, soit de se borner au réel, soit de remplacer la mythologie classique par des légendes septentrionales [3] :

MONTI

L'audacieuse école boréale, condamnant à mort tous les dieux qui jadis fleurirent de gracieuses images les livres de l'Hellade et ceux du Latium, a rempli d'épouvante le beau royaume des Muses. Elle enlève son arc et ses flèches à l'Amour, à l'Hymen son flambeau, sa ceinture à Cythérée. Les Grâces, elles aussi, sans le sourire de qui aucune chose n'est belle, les Grâces même, citées au tribunal de ces nouveaux maîtres altiers, proscrites et fugitives, ont dû céder la place aux lémures et aux sorcières. En des nuages ténébreux que souffle le glacial Arcturus se change (horrible à dire) le beau saphir du ciel italien ; en des vents de tempête, en des bourrasques, ses brises délicieuses ; les joyeux lauriers des bords d'Aonie en funèbres cyprès ; le rire en pleurs ; et le sombre, le sombre seul est beau... Sans prodiges, sans merveilles, l'art des vers n'est rien ; et les merveilles et les prodiges s'accordent mal avec la vérité sèche et nue, qui est la tombe des poètes.... Maintenant que Neptune, et Jupiter, et Pluton, gisent, foudroyés par votre intelligence, ce ne sont plus que des noms, que des idées dignes d'un rire dédaigneux, car la vérité n'y a pas apposé son sceau ; car elle est passée, la saison des pompeux men-

---

1. Carlo Tedaldi-Fores (1793-1859). Crémonais, avait publié d'abord un hymne *All'Aurora* et autres poésies mythologiques ; se convertit ensuite au romantisme.
2. Id., *Addio alla Mitologia* — cité par C. Cantù, *Monti e l'età che fu sua*, p. 298, note.
3. V. Monti, *Sermone sulla Mitologia*.

songes de l'Hellade. Sans doute, c'est un spectacle plus digne de foi que de voir apparaître, sur le dos d'un coursier ténébreux, un spectre horrible qui emporte vers les pleurs éternels une vierge aveuglée par l'amour et désespérée : elle croit embrasser son amant, et presse dans ses bras un squelette effroyable, armé d'un sablier et d'une faux ; tandis qu'aux rayons de la lune des fantômes sinistres dansent en rond, et avec des hurlements horribles crient : *Patience ! Patience !* — Ombre du grand Hector, ombre du tendre ami d'Achille, fuyez ! fuyez ! et, tremblantes d'horreur, cédez la place aux spectres romantiques. Voilà, voilà la vraie merveille de l'art, voilà le sublime !

On a reconnu vers la fin de ce passage un résumé assez peu exact de la *Lénore* de Bürger (1774), l'une des deux ballades dont la traduction avait provoqué toutes ces discussions.

Un autre argument sur lequel Monti aime à revenir, c'est celui-ci[1] :

Les chefs-d'œuvre de Canova et d'Appiani sont pour la plupart tirés de cette source. Et si Psyché, si Hélène... sont belles en marbre ou sur la toile, pourquoi ne le pourront-elles pas être également, et davantage, animées par la poésie, qui leur communique le sentiment et la parole, au lieu que le marbre et la toile nous les présentent insensibles et muettes ?

1. Id., *Lettera a Carlo Tedaldi-Fores*, p. 374.

CHAPITRE III
LA TRAGÉDIE ROMANTIQUE

LA QUESTION DES RÈGLES. SILVIO PELLICO ET LA LIBERTÉ DU THÉÂTRE. ERMES VISCONTI
ET LE THÉÂTRE ROMANTIQUE || MANZONI ET LES UNITÉS. LA PRÉFACE DE CARMAGNOLA.
LA LETTRE A M. C***. APRÈS LA PIÈCE.

LA QUESTION DES RÈGLES

Il y avait longtemps qu'en Allemagne les formes plus libres et plus
variées du drame de Shakespeare ou de la Comedia de Calderón étaient
hautement préférées au cadre étroit de la tragédie française, lorsque la
question se discuta en Italie. La lecture de Shakespeare ou de Schiller
décida quelques novateurs à rompre avec la tradition classique. Mais là,
cette tradition s'appuyait d'un grand nom : Alfieri avait poussé à l'extrême la rigueur des règles, la dure concision du style, le mépris pour
tout ce qui amuse l'œil et intéresse l'imagination. Malgré l'admiration
que tous professent pour le tragique et le patriote, vers 1818 on émet
l'opinion que les règles ont fait leur temps, et qu'il y a place pour une
nouvelle forme, plus libre et plus souple, du drame sérieux. C'est, en
théorie surtout, l'œuvre du groupe romantique du *Conciliatore* ; c'est,
en théorie et en pratique, l'œuvre de Manzoni.

SILVIO PELLICO ET LA LIBERTÉ DU THÉÂTRE

Silvio Pellico[1], bon connaisseur du théâtre anglais et allemand, a
pour Shakespeare un culte. En analysant les pièces de Schiller, il proteste
contre les règles absolues, imposées d'avance à tous les ouvrages.
Chaque pièce ne doit avoir pour règles que les convenances qui résultent
du sujet[2] :

---

1. Silvio Pellico (1789-1854), Piémontais de Saluces, vécut à Milan les dernières années
de l'Empire comme professeur de français et les premières de la Restauration comme précepteur chez le comte Porro-Lambertenghi ; fut le principal rédacteur du *Conciliatore* avec Porro
lui-même, dans la maison de qui il se fonda, Berchet. Visconti, Romagnosi, Melchiorre
Gioia. Suspect aussitôt, il fut arrêté comme *carbonaro* en 1820 et libéré en 1830 (*Le mie Prigioni*,
1832). De ses douze tragédies (huit publiées), *Francesca da Rimini* (la première, 1815) eut
seule un très grand succès. Presque toutes, ainsi que ses *Poesie* (1834-1837), sont empruntées
au moyen âge.

2. S. Pellico, article sur *Marie Stuart, Conciliatore*, avril 1819 — cité par M. Scherillo, *Il decennio*

Les règles saines, dans tout art, sont senties et trouvées par elles-mêmes, avec la puissance de l'intelligence, et non reçues aveuglément de la tradition. Telle était l'opinion de Schiller... Non seulement il n'est pas vrai que pour arriver au beau on doive fouler servilement les traces déjà marquées ; mais il est encore indiscutable que tout sujet qu'un poète entreprend de traiter doit être conduit d'après des lois spéciales et particulières. De même en effet que l'esprit humain, semblable à la nature, ne créa jamais rien d'identique à aucune œuvre déjà existante, de même les règles à suivre dans ses différentes créations ne pourront jamais être identiques.

ERMES VISCONTI ET LE THÉÂTRE ROMANTIQUE

Dans le *Conciliatore* également, Ermes Visconti publiait en 1819 un *Dialogue sur les unités de temps et de lieu dans les ouvrages dramatiques*, qui fut traduit par Fauriel et publié par lui dans le même volume que les deux tragédies de Manzoni (1823). Un an avant la *Lettre à M. C***** de celui-ci, Visconti y traitait assez solidement les principaux aspects de la question, en faisant dialoguer des Milanais contemporains. — Voici d'abord les autorités sur lesquelles s'appuie la réforme : :

Lamberti. — Ah ! j'y suis à la fin ! Vous êtes pour le nouveau système dramatique de Schlegel et des romantiques?

Viganò. — S'il s'agit de faits et d'autorités, je suis tout simplement pour l'ancien système dramatique créé à l'époque de la renaissance de la civilisation et des arts, à l'époque où les poètes suivaient franchement leur inspiration naturelle, et non les règles arbitrairement imposées par les érudits ; pour le système auquel le théâtre espagnol doit son âge d'or, et en vertu duquel Shakespeare a pu produire ce qui a été produit de plus grand en fait de compositions dramatiques ; je suis pour le système qui a été celui de tous les peuples non européens, et particulièrement des Indous, dont le théâtre est un des plus anciens du monde ; qui est aussi celui de l'Allemagne, c'est-à-dire du pays de l'Europe où il y a le plus d'hommes ayant fait des études approfondies de la philosophie du théâtre, aussi bien que des différents systèmes dramatiques passés et présents, et en général des diverses poétiques de tous les temps et de tous les pays.

---

dell' operosità poetica del Manzoni, p. CXXXIV, dans *Le Tragedie, gl' Inni sacri e le Odi di A. Manzoni*. Milan, 1907.

1. Ermes Visconti, *Dialogo intorno alle unità di tempo e di luogo nelle opere drammatiche* (*Conciliatore*, 1819), traduction Fauriel, Paris, 1823.

Contre l'unité de temps :

Les passions humaines, et par conséquent les faits qui en dépendent, ne naissent pas toutes en un instant, ne se développent pas toutes en quelques heures, ni même en un jour. Cependant, et j'espère que vous en conviendrez tous, le tableau d'une passion, prise à sa naissance et manifestant par des actes chacun des progrès par lesquels elle grandit, se fortifie, s'empare de l'âme tout entière, est un des plus beaux sujets sur lesquels puisse s'exercer la poésie dramatique.

Suit un parallèle détaillé entre *Britannicus* et *Macbeth*, tout à l'avantage de Shakespeare. — Unité ou variété de temps et de lieu, suivant l'action :

En somme, à quoi se réduit la règle des unités ? Rien de plus simple : que le temps d'une tragédie soit de vingt-quatre heures, quand la tragédie roule sur un fait qui a pu naturellement se passer en vingt-quatre heures, comme celle de *Philoctète* ; mais que le temps de la tragédie soit d'autant de jours ou de mois qu'il le faudra, quand elle aura pour sujet un événement qui n'a pu se passer qu'en plusieurs jours ou en plusieurs mois. — Si le fait tragique a pu arriver en un seul lieu, la scène ne représentera qu'un seul lieu ; mais s'il n'a pu se passer qu'en plusieurs endroits, il faudra bien varier aussi la scène.

A ceux qui, entêtés de discipline et d'uniformité, voulaient remplacer la poétique classique par une poétique romantique, les règles par d'autres règles, il répond :

Assigner sur ces différentes choses un terme fixe qu'il ne serait jamais permis de dépasser, est impossible aux théories littéraires. Tout ce qui dépendrait d'elles serait de poser certains principes de détail, purement négatifs... Dans tout le reste, c'est aux poètes à se décider... Une telle limite n'existant pas, il faut bien se garder d'en établir une de pure fantaisie. Toute règle arbitraire non seulement n'est pas bonne, elle est mauvaise.

MANZONI ET LES UNITÉS

Le Comte de Carmagnola, tragédie, paraissait en 1819, dédié à Fauriel. Dans la *Préface,* l'auteur donnait son ouvrage pour une tentative aventureuse pour ruiner en Italie des règles déjà battues en brèche, ailleurs par des œuvres, dans son pays par des discussions. Il s'agit des deux unités de temps et de lieu. Cette préface de quelques pages ne fait que poser la question et indiquer des principes : :

LA PRÉFACE DE *CARMAGNOLA*

En publiant un ouvrage d'imagination qui ne se conforme pas aux règles de goût communément reçues en Italie, et sanctionnées par l'habitude du plus grand nombre, je ne crois pas cependant devoir ennuyer le lecteur avec une longue exposition des principes que j'ai suivis dans ce travail... ...Mais puisque la question des deux unités de temps et de lieu peut être traitée complètement d'une manière abstraite, et sans dire mot de la tragédie présente, quelle qu'elle soit ; et puisque ces unités, malgré les arguments, d'après moi irréfutables, qui ont été avancés contre elles, sont encore par beaucoup réputées des conditions essentielles au drame : je désire en reprendre brièvement l'examen.

Manzoni démontre ou rappelle les points suivants : 1o au point de vue historique,

L'unité de lieu, et la soi-disant unité de temps, ne sont pas des règles fondées sur la théorie de l'art, ni innées au caractère du poème dramatique ; mais elles sont venues d'une autorité mal comprise, et de principes arbitraires : ce qui apparaît comme évident à quiconque en étudie la genèse.

2o Le soi-disant principe de la vraisemblance sur lequel on appuie les unités est violé par tous les autres usages du théâtre ; en sorte que

Ces règles ne sont pas en harmonie avec les autres principes de l'art admis par ceux même qui les tiennent pour nécessaires. En fait on admet, dans la tragédie, comme vraisemblables, beaucoup de choses qui ne le seraient pas si on leur appliquait le principe sur lequel on établit la nécessité des deux unités : je veux dire le principe que dans le drame représenté, ne sont vraisemblables que les faits seuls qui s'accordent avec la présence du spectateur, de manière que celui-ci puisse les tenir pour réels.

3o Au point de vue expérimental :

Le peuple se trouve dans l'état d'illusion voulu par l'art, lorsqu'il assiste tous les jours et dans tous les pays à des spectacles où ces règles ne sont pas observées... Si les changements de scène détruisaient l'illusion, elle devrait certainement être plus rapide-

---

1. A. Manzoni, *Il Conte di Carmagnola : Prefazione.* U. Hœpli, édit. Milan.

ment détruite dans le peuple que dans le public cultivé, lequel plie plus facilement son imagination à suivre les intentions de l'artiste...

D'autre part, les étrangers ignorent ces unités ou les repoussent ; les Français mêmes ne les ont pas, jadis, adoptées sans résistance.

4º Ces règles sont si fausses que, même dans le théâtre classique français, on use de subterfuges pour les tourner :

On sait que l'unité de temps n'est pas observée ni exigée dans son sens étroit, qui exigerait l'égalité du temps fictif attribué à l'action avec le temps réel qu'elle occupe dans la représentation.

En admettant les vingt-quatre heures, les théoriciens ont fourni les meilleures armes à leurs adversaires : car

On pourra bien discuter avec celui qui pense que l'action ne doit pas dépasser le temps matériel de la représentation ; mais si l'on abandonne ce point, comment forcera-t-on les auteurs à se tenir dans une limite fixée aussi arbitrairement ?

Enfin, 5º :

Ces règles empêchent beaucoup de beautés, et amènent beaucoup d'inconvénients... La première proposition... résulte évidemment de la plus légère étude de quelques tragédies anglaises et allemandes... Les inconvénients qui résultent de la règle des deux unités, et spécialement de celle de lieu, sont reconnus par les critiques eux-mêmes.

LA LETTRE A M. C***

Plus développée et plus universellement répandue, la *Lettre à M. C*** sur l'unité de temps et de lieu dans la tragédie* a surtout contribué à faire connaître et discuter les idées romantiques sur la question. Ces idées n'avaient jamais été aussi clairement et systématiquement exposées jusque-là (cf. Schlegel, p. 42). De toutes les questions que posait la transformation par le romantisme de la tragédie classique, Manzoni paraît n'en traiter qu'une, mais il la traite à fond et il en tire toutes les conséquences. La *Lettre*, publiée en 1820 comme réponse à l'article de Chauvet dans le *Lycée Français*, et écrite en français, compte environ quatre-vingts pages, abondantes en développements latéraux, mais dont le centre reste la question des unités. — Manzoni ne se dit pas *romantique* et ne parle pas de *drame romantique*. Sa tragédie, d'après lui, appartient à ce qu'il appelle le *système historique*, pratiqué par Shakespeare et Schiller. Mais il ne suit pas certains théoriciens dans toutes leurs hardiesses [1] :

1. A. Manzoni, *Lettre à M. C*** sur l'unité de temps et de lieu dans la tragédie* (U. Hœpli, édit. Milan).

Ainsi, par exemple, Shakespeare a souvent mêlé le comique aux événements les plus sérieux... Les raisons [données pour le justifier] ne m'ont jamais persuadé ; et je pense, comme un bon et loyal partisan du classique, que le mélange de deux effets contraires détruit l'unité d'impression nécessaire pour produire l'émotion et la sympathie ; ou, pour parler plus raisonnablement, il me semble que ce mélange, tel qu'il a été employé par Shakespeare, a tout à fait cet inconvénient.

Au reste, si ce qu'il connaît dans ce genre ne le satisfait pas, Manzoni ne condamne pas d'avance tout essai à venir dans le même sens, et par là n'est pas en opposition avec Victor Hugo (p. 113).

Car, qu'il soit réellement et à jamais impossible de produire une impression harmonique et agréable par le rapprochement de ces deux moyens, c'est ce que je n'ai ni le courage d'affirmer, ni la docilité de répéter... Interdire au génie d'employer des matériaux qui sont dans la nature, par la raison qu'il ne pourra pas en tirer un bon parti, c'est évidemment pousser la critique au delà de son emploi et de ses forces... Mais... le mélange du plaisant et du sérieux pourra-t-il être transporté heureusement dans le genre dramatique d'une manière stable, et dans des ouvrages qui ne soient pas une exception ? C'est, encore une fois, ce que je n'ose pas savoir.

Sur la question même des deux unités discutées, le critique français fondait ces dernières, non sur la vraisemblance, argument généralement allégué avant Voltaire, mais sur l'unité d'action qu'elles contribuaient, d'après lui, à sauvegarder, et sur la fixité des caractères qu'elles permettaient de maintenir. Manzoni pose en thèse générale que l'unité d'action est indépendante des deux autres, puis réfute un à un les arguments de Chauvet, en insérant dans sa discussion cette observation générale :

Dans un certain système de tragédie, qui est, à mes yeux, plutôt l'ouvrage successif et laborieux des critiques, que le résultat de la pratique des grands poètes, on attache une très grande importance à toutes ces préparations de personnages et d'événements. Mais cette importance même me parait indiquer le faible du système ; elle dérive d'une attention excessive et presque exclusive à la forme, je dirais presque aux dehors du drame. Il semblerait que le plus grand charme d'une tragédie vienne de la connaissance des moyens dont le poète s'est servi pour la conduire à bout ; qu'on est là pour admirer la finesse de son jeu, et son adresse à se tirer des pièges qu'un art hostile a dressés sur son chemin. On le laisse faire ses conditions dans l'exposition ; mais on est, pendant tout le reste de la pièce, aux aguets pour voir s'il les tient.

Ici Manzoni dépasse l'horizon de Victor Hugo, voisine avec les idées familières à Théophile Gautier critique dramatique, et semble prévoir les arguments de Sarcey jugeant Ibsen. De même, à propos du second point (fixité des caractères), il s'élève contre l'idée de règle générale qui, en habituant le spectateur à un certain type de drame, lui rend réellement moins agréable toute œuvre conçue dans un système différent :

C'est une singulière disposition que celle que nous avons à nous forger des règles abstraites applicables à tous les cas, pour nous dispenser de chercher dans chaque cas particulier sa raison propre, sa convenance particulière... L'habitude et l'esprit systématique peuvent facilement faire paraître vicieux ce qui ne l'est pas pour des hommes autrement disposés... Des spectateurs ou des lecteurs instruits, éclairés et se croyant impartiaux... regardent ce qui les choque comme un vice réel, comme une opposition aux lois naturelles de leur intelligence : et ce ne sera néanmoins que l'opposition à un type artificiel de tragédie qu'ils ont admis et auquel ils ramènent toute tragédie possible. Car recevoir l'impression pure et franche des ouvrages de l'art, se prêter à ce qu'ils peuvent offrir de vrai et de beau indépendamment de toute théorie, est un effort difficile et bien rare pour ceux qui en ont une fois adopté une.

L'argument essentiel de l'auteur, c'est la vérité :

Or cette vérité est justement la base du système historique. Le poète qui l'a adopté ne crée pas les distances pour le plaisir d'étendre son action : il les prend dans l'histoire même... On peut, sans péril, condamner *a priori* tout sujet qui n'aurait pas la vérité pour base : mais il me semble trop hardi de décider, pour tous les cas possibles, que tel ou tel genre de vérité est à jamais interdit à l'imitation poétique.

Dans la seconde partie, consacrée à l'étude générale de la question par delà les arguments de Chauvet, l'analyse de *Richard II* donne lieu aux réflexions suivantes. Après avoir mis dans la bouche des partisans des règles les habituelles objections à la variété des lieux, objections tirées de la vraisemblance :

Eh ! grand Dieu ! aurait pu répondre Shakespeare, que parlez-vous de déplacements et de voyages ?... Je mets sous les yeux de mes spectateurs une action qui se déploie par degrés, qui se compose d'événements qui naissent successivement les uns des autres, et se passent en différents lieux ; c'est l'esprit de l'auditeur qui les suit, il n'a que faire de voyager ni de se figurer qu'il voyage.

Et pour l'unité de temps :

Vingt-quatre heures ! aurait-il dit ; mais pourquoi ? La lecture de la chronique de Holinshed a fourni à mon esprit l'idée d'une action simple et grande, une et variée, pleine d'intérêt et de leçons ; et cette action, j'aurais été la défigurer, la tronquer de pur caprice !

L'impression qu'un chroniqueur a produite en moi, je n'aurais pas cherché à la rendre à ma manière à des spectateurs qui ne demandaient pas mieux ! J'aurais été moins poète que lui !

Il résume ainsi ce qu'est la création dans le système historique :

Ainsi donc, trouver dans une série de faits ce qui les constitue proprement une action, saisir les caractères des acteurs, donner à cette action et à ces caractères un développement harmonique, compléter l'histoire, en restituer, pour ainsi dire, la partie perdue, imaginer même des faits là où l'histoire ne donne que des indications, inventer au besoin des personnages pour représenter les mœurs connues d'une époque donnée, prendre enfin tout ce qui existe et ajouter ce qui manque, mais de manière que l'invention s'accorde avec la réalité, ne soit qu'un moyen de plus de la faire ressortir, voilà ce que l'on peut raisonnablement dire créer...

En fait, ces idées font leur chemin dans sa patrie :

Les idées romantiques ne sont pas si discréditées en Italie que vous paraissez le croire... Quelques écrivains, dégoûtés de la pédanterie et du faux qui dominent dans les théories reçues de la poésie et de la littérature en général, frappés des vérités éparses dans quelques écrits français, allemands, anglais et italiens, sur les doctrines du beau, ont donné une attention particulière à ces questions. Sans adopter aucun des divers systèmes proposés par des littérateurs philosophes, ils ont recueilli de toutes parts les idées qui leur ont paru vraies, en ont séparé ce qui, à leur sens, tenait à des circonstances locales, à des systèmes particuliers de philosophie, ou même à des préjugés nationaux, et se sont ralliés à un principe général, qu'ils ont exposé, enrichi de nouvelles preuves, et agrandi, ce me semble, en laissant au principe et aux doctrines le nom de romantiques, bien que ce nom ne représente pas pour eux le même ensemble d'idées auquel il a été appliqué chez d'autres nations.

LE MOUVEMENT ROMANTIQUE EN ITALIE

APRÈS LA PIÈCE

Aussitôt après l'apparition de la pièce, la *Gazette Piémontaise* se faisait l'interprète d'un grand nombre d'Italiens peu soucieux des discussions subtiles sur les unités, mais sensés et patriotes, en disant [1] :

Nous avons dans ces colonnes plusieurs fois manifesté le désir légitime de voir les esprits italiens se tourner vers l'histoire de notre passé, et emprunter aux exploits de nos pères des sujets de tragédie qui, inspirés par des pensées, par des passions, par des mœurs véritablement italiennes, devinssent un encouragement efficace à imiter les actions de ces morts illustres. Ce désir a été récemment, et plus tôt que nous ne nous y attendions, satisfait par la noble plume de M. Alessandro Manzoni.

Après avoir résumé l'intrigue, elle ajoutait :

Tels sont les faits sur lesquels roule la pièce : faits qui nous semblent devoir nous toucher beaucoup plus que l'éternel festin de Thyeste et les crimes de la malheureuse race d'Agamemnon.

Un peu plus tard, Manzoni revenait à une de ces idées générales qui lui étaient le plus chères [2] :

Je suis profondément persuadé de la vérité de ce principe émis pour la première fois, que je sache, par M. Aug. Schlegel : que la forme des compositions doit être organique, non mécanique, résulter de la nature du sujet, de son développement interne, des relations des parties qui d'elles-mêmes vont se ranger à leur place, non de l'empreinte d'un moule extérieur étranger ; principe intelligent et fécond, qui doit renouveler essentiellement la critique.

1. *Gazzetta Piemontese*, n° 19, 12 février 1820 — cité par G. Sforza, *I primi romanzi storici in Italia... dans Brani inediti dei Promessi Sposi...*, Milan, 1905, 2 vol. in-8, t. I, p. xxiv.

2. A. Manzoni, Lettre à Diodata Saluzzo du 16 septembre 1827 — cité par Waille, *Le Romantisme de Manzoni*, p. 54.

A CONSULTER. — Carlo PORTA, *Poesie, annotate da un Milanese*, Milan, 1887, contenant, de l'éditeur Levino Robecchi, un *Saggio di bibliografia della quistione classico-romantica* [en cours de réédition] ; G. MUONI, *Ludovico Di Breme e le prime polemiche intorno a Madama di Staël ed al Romanticismo in Italia* (1816). Milan, 1902, in-8 ; C. CANTU, *Monti e l'età che fu sua*. Milan. 1879 ; BORGESE, *Storia della critica romantica in Italia* (Studi di letteratura... pubbl. da B. Croce) Naples, 1905, in-8 ; G. MAZZONI, *L'Ottocento*. Milan, in-8 [en cours de publication] ; WAILLE, *Le Romantisme de Manzoni*, Alger, 1890, in-8 ; MANZONI, Œuvres (avec des notices au début de chaque volume : notamment M. Scherillo : *Il decennio dell' operosità poetica del Manzoni*, dans le volume *Le Tragedie, gl' Inni sacri e le Odi di Alessandro Manzoni*). Milan, Hœpli, 1905, 1907, etc... in-8 ; Ch. DEJOB, *Madame de Staël et l'Italie*. Paris, 1890 ; MARASCA, *Le Origini del Romanticismo italiano*. Rome, 1909, in-8 ; G. MUONI, *Note per una poetica storica del Romanticismo*, Milan, 1906 ; M.-T. PORTA, *Madame de Staël e l'Italia*. Florence, 1909 ; P. HAZARD, *La Révolution française et les Lettres italiennes*, Paris, 1910, in-8.

QUATRIEME PARTIE

LE MOUVEMENT ROMANTIQUE
EN FRANCE

CARACTÈRES GÉNÉRAUX

Le caractère et les dimensions de cet ouvrage ne permettaient pas d'envisager le romantisme français dans toute son ampleur, si l'on entend par ce mot, comme on le fait depuis quelque temps, une modification générale de la sensibilité ou de son expression artistique, qui remonte à Rousseau et à son temps, et se prolonge pendant un siècle environ, jusqu'à la réaction objectiviste du milieu du XIXe siècle. Il a même fallu se borner davantage, et, dans le mouvement romantique proprement dit qui commence vers 1800 avec Chateaubriand et Mme de Staël, et qui triomphe vers 1830, j'ai dû laisser tomber les correspondances du romantisme littéraire dans l'art, dans la morale, et même ses prolongements dans l'histoire et le roman. Je me suis donc limité, exception faite pour Mme de Staël dont le rôle a été décisif dans l'orientation du mouvement, à recueillir et à classer des textes écrits entre 1815 et 1830 environ, et où se dessinent ses directions principales. On apercevra ainsi qu'il y a eu une véritable école romantique française, qui se partage sans doute en groupes ou cénacles successifs ou simultanés, mais qui présente dans son ensemble une visible unité. La plupart de ces écrivains se sentent et se disent romantiques ; ils s'associent en groupes conscients d'une tâche commune ; ils fondent des revues pour faire connaître leurs idées et leurs œuvres ; ils donnent l'assaut ensemble aux théâtres pour y faire triompher leur système dramatique ; ils lancent des préfaces comme des manifestes. Avant 1815, il n'y a que des précurseurs ; après 1830, le romantisme croit avoir triomphé, et c'est le temps des épigones.

Pour ces raisons, on ne trouvera rien ici de Chateaubriand, déjà isolé dans sa gloire, de Musset ni de Gautier, trop jeunes, de Stendhal, trop extérieur au mouvement romantique proprement dit. Il n'a pas non plus été fait d'incursions dans le domaine de l'art romantique d'un Berlioz ou d'un Delacroix, ni du mal du siècle, des droits de la passion et de l'amour romantique, tel qu'on le trouve chez George Sand et Musset. Il aurait été agréable et utile de multiplier les citations, em-

pruntées à la presse périodique, d'écrivains moins connus, dont les décla-
rations ou les restrictions éclairent les manifestes célèbres des conduc-
teurs du mouvement, Guiraud, Deschamps, Vigny, Hugo : mais on
se reportera aisément, pour ce genre de textes, à l'excellent ouvrage de
M. Des Granges. On espère, en le limitant ainsi, avoir donné plus de
cohésion à l'exposé.

Venu le dernier, notre romantisme a eu le grand avantage de profi-
ter des positions conquises par ses aînés. Même quand il ne leur a pas
fait d'emprunts directs, il bénéficie de l'état d'esprit favorable qui régnait désormais en Europe. Il a mené le même combat que le romantisme italien contre les traditions du style et du goût classiques, contre
la mythologie, contre la tragédie et les unités ; il a eu, comme lui, à
s'inspirer discrètement des littératures du Nord, à résoudre le difficile
problème de s'assimiler des éléments hétérogènes sans se corrompre et
se ruiner. Il ressemble à l'école romantique allemande par les rapports
personnels qui unissent la plupart des jeunes novateurs, par l'intensité
du travail critique et la vigueur des proclamations, par l'esprit légiti-
miste et catholique qui l'anime vers 1820 ; et il a reçu de Schlegel la
théorie du drame romantique. Il renie Boileau comme les romantiques
anglais renient Pope ; il poursuit, contre l'alexandrin classique, une
campagne qui ressemble à celle des lyriques anglais contre le
monotone vers héroïque des *Augustans*. Comme eux, il est féru de gothique, de chevalerie, de vieilles légendes : il doit beaucoup à W. Scott.
Il est volontiers bariolé, oriental, mystérieux, fatal, comme Byron ou
Moore. Sainte-Beuve seul a subi, et assez tard, l'influence des lakistes.
S'il a un peu emprunté à chacun, il n'a influé que sur des littératures
qui restent en dehors de cette étude, comme l'espagnole et la rou-
maine.

On étudiera d'abord les éléments essentiels du romantisme, la question des origines externes et celle des caractères internes de la nouvelle littérature. Puis on suivra le mouvement romantique dans ses
deux principales voies, celle de la poésie et celle du drame. Mais on se
souviendra constamment qu'en dehors des quelques grands textes nécessaires à connaître, il a fallu ici encore plus qu'ailleurs se limiter
dans le choix des fragments, et qu'on en trouverait aisément beaucoup
d'autres à ajouter à ceux-ci.

CHAPITRE I

LA LITTÉRATURE ROMANTIQUE
ET SES SOURCES

MADAME DE STAËL : LES DEUX GROUPES DE LITTÉRATURES. HOMÈRE ET OSSIAN. CLASSIQUES
ET ROMANTIQUES. AFFRANCHISSEMENT DU GOUT ET UTILITÉ DE L'IMITATION || LE RO-
MANTISME MODERNE. SES SOURCES. LE GROTESQUE : V. HUGO. LE GENRE FRÉNÉTIQUE :
CH. NODIER || LES CARACTÈRES DE LA LITTÉRATURE NOUVELLE. ORIGINALITÉ. INDÉPEN-
DANCE VIS-A-VIS DES MODÈLES CLASSIQUES ET DES ROMANTIQUES ÉTRANGERS. SUPPRES-
SION DES GENRES DÉFINIS. LIBERTÉ. VÉRITÉ.

MADAME DE STAËL : LES DEUX GROUPES
DE LITTÉRATURES

Depuis le milieu du XVIIIᵉ siècle, certains écrivains anglais, Young,
Richardson, Shakespeare, l'Ossian de Macpherson, traduits, goûtés,
sentis avec passion plutôt qu'admirés comme des modèles que la raison
consacre, avaient commencé à pénétrer le public français à des profondeurs inégales, et lui avaient plu par ce qu'ils présentaient de nouveau,
d'inconnu aux classiques anciens et aux auteurs du siècle de Louis XIV.
Un peu plus tard, la littérature allemande avait ses fervents, avec Gessner, Klopstock et *Werther*. Genre, inspiration, sujet et style, presque
tout, dans les uns comme dans les autres, était nouveau. Cependant on
ne dégageait pas de ces œuvres isolées la notion d'une littérature anglo-
allemande, en plein contraste avec la littérature gréco-latine et française,
aussi ancienne qu'elle, ou peu s'en faut, devant aux contrées, à la race,
à l'ensemble des mœurs, des idées et des sentiments du monde germanique, son unité, son originalité, sa grandeur ; investie de droits égaux,
sinon revêtue d'une beauté pareille. Mme de Staël[1] est la première à
concevoir cette opposition de deux mondes et de deux littératures : elle
l'exprime dès 1800[2], dans son livre *De la Littérature*, c'est-à-dire avant

1. Germaine-Necker, baronne de Staël (1766-1817) : *De la Littérature considérée dans ses
rapports avec les institutions sociales* (1800); *De l'Allemagne* (1810, publié en 1813). Entre les
deux se placent les plus longs séjours à Coppet, les deux voyages en Allemagne, les relations
avec Schlegel, Sismondi, Bonstetten, Œhlenschlæger, et par eux l'initiation au romantisme
étranger.
2. Mme de Staël, *De la Littérature*, 1ʳᵉ partie, chap. XI.

Schlegel (p. 38), et avant de s'inspirer en histoire littéraire des connaissances et des vues de Schlegel grâce à sa présence et à leurs fréquents entretiens.

LITTÉRATURE HOMÉRIQUE ET LITTÉRATURE OSSIANIQUE

Il existe, ce me semble, deux littératures tout à fait distinctes, celle qui vient du Midi et celle qui descend du Nord, celle dont Homère est la première source, celle dont Ossian est l'origine. — Les Anglais et les Allemands ont, sans doute, souvent imité les anciens. Ils ont retiré d'utiles leçons de cette étude féconde : mais leurs beautés originales portent l'empreinte de la mythologie du Nord, ont une sorte de ressemblance, une certaine grandeur poétique dont Ossian est le premier type.

Faute d'un Homère germanique, elle prend le celtique Ossian. D'ailleurs, en 1800, elle ne préfère pas absolument le groupe septentrional : elle donne l'avantage, pour la beauté, au groupe classique. Mais, sous l'influence de Schlegel et de la société de Coppet, ces idées se précisent dans l'*Allemagne*. La notion de littérature *romantique* en général, née du christianisme et de la chevalerie, remplace celle de littérature du Nord [1] :

LITTÉRATURE CLASSIQUE ET LITTÉRATURE ROMANTIQUE

Il n'y a dans l'Europe littéraire que deux grandes divisions très marquées : la littérature imitée des anciens, et celle qui doit sa naissance à l'esprit du moyen âge... Le nom de *romantique* a été introduit nouvellement en Allemagne, pour désigner la poésie dont les chants des troubadours ont été l'origine, celle qui est née de la chevalerie et du christianisme. Si l'on n'admet pas que le paganisme et le christianisme, le Nord et le Midi, l'antiquité et le moyen âge, la chevalerie et les institutions grecques et romaines se sont partagé l'empire de la littérature, l'on ne parviendra jamais à juger sous un point de vue philosophique le goût antique et le goût moderne.... Je n'examinerai point ici lequel de ces deux genres de poésie mérite la préférence : il suffit de montrer que la diversité des goûts, à cet égard, dérive non seulement de causes accidentelles, mais aussi des sources primitives de l'imagination et de la pensée.

---

1. Mme de Staël, *De l'Allemagne*, 2e partie, chap. XI.

AFFRANCHISSEMENT DU GOUT : UTILITÉ DE L'IMITATION

Cette littérature n'est pas moins belle que la littérature classique, si elle l'est d'autre façon. Il y a dans le goût un élément constant, qui fait la beauté, et un élément variable, qui fait une beauté appropriée à tel ou tel pays [1] :

On reproche, en France, à la littérature du Nord de manquer de goût. Les écrivains du Nord répondent que ce goût est une législation purement arbitraire, qui prive souvent le sentiment et la pensée de leurs beautés les plus originales. Il existe, je crois, un point juste entre ces deux opinions. Les règles du goût ne sont point arbitraires... Le goût est fixe dans ses principes généraux. Le goût national doit être jugé d'après ces principes, et, selon qu'il en diffère ou qu'il s'en rapproche, le goût national est plus près de la vérité.

Les littératures du Nord sont imitables ; elles offrent d'autres modes de beauté que ceux auxquels nous sommes accoutumés ; nous gagnerions à nous en inspirer [2]. Les Italiens, en 1816, devaient recevoir de la même voix le même conseil (p. 59).

Le talent consiste à savoir respecter les vrais préceptes du goût, en introduisant dans notre littérature tout ce qu'il y a de beau, de sublime, de touchant, dans la nature sombre, que les écrivains du Nord ont su peindre ; et si c'est ignorer l'art que de vouloir faire adopter en France toutes les incohérences des tragiques Anglais et Allemands, il faut être insensible au génie de l'éloquence, il faut être à jamais privé du talent d'émouvoir fortement les âmes, pour ne pas admirer ce qu'il y a de passionné dans les affections, ce qu'il y a de profond dans les pensées que ces habitants du Nord savent éprouver et transmettre. — L'on renoncerait à posséder désormais en France de grands hommes dans la carrière de la littérature, si l'on blâmait d'avance tout ce qui peut conduire à un nouveau genre, ouvrir une route nouvelle à l'esprit humain, offrir enfin un avenir à la pensée ; elle perdrait bientôt toute émulation, si on lui présentait toujours le siècle de Louis XIV comme un modèle de perfection, au delà duquel aucun écrivain éloquent ni penseur ne pourra jamais s'élever.

1. Mme de Staël, *De la Littérature*, 1re partie, ch. XII.
2. Id., *ibid.*, *Préface* de la 2e édition.

LE ROMANTISME NATIONAL

Les peuples du Nord ont, dans leur littérature romantique, une littérature nationale. Faisons-nous, à leur exemple, une littérature romantique empruntée à nos traditions nationales et à notre sol, aussi spontanée que la littérature classique est artificielle.

...La question pour nous n'est pas entre la poésie classique et la poésie romantique, mais entre l'imitation de l'une et l'inspiration de l'autre. La littérature des anciens est chez les modernes une littérature transplantée : la littérature romantique ou chevaleresque est chez nous indigène, et c'est notre religion et nos institutions qui l'ont fait éclore.... — Ces poésies d'après l'antique, quelque parfaites qu'elles soient, sont rarement populaires, parce qu'elles ne tiennent, dans le temps actuel, à rien de national.... — La littérature romantique est la seule qui soit susceptible encore d'être perfectionnée, parce qu'ayant ses racines dans notre propre sol, elle est la seule qui puisse croître et se vivifier de nouveau...

LE ROMANTISME MODERNE

Déjà, dans ce dernier texte, le romantisme n'est ni la littérature du moyen âge chrétien et de la chevalerie, ni celle des peuples du Nord dont Ossian est l'Homère ; c'est toute littérature d'inspiration moderne, ne devant rien aux usages et aux croyances gréco-romaines. De plus en plus, à mesure que le parti romantique commence à se constituer en France, et que la nuance allemande du terme est oubliée, romantisme ou romantique prennent ce dernier sens. Ainsi Charles Nodier [1], un des inspirateurs les plus écoutés du romantisme dans plusieurs de ses directions, reprenant la formule de Mme de Staël qui résume l'esprit du livre *de la Littérature* [2] :

Répétons ici le mot tant de fois répété : *la littérature est l'expres-*

---

1. Charles Nodier (1783-1844), précurseur du romantisme d'imitation étrangère par des livres inspirés de *Werther* ou d'Ossian (*Le Peintre de Salzbourg*, 1803 ; *Essais d'un jeune barde*, 1804), publie, à l'époque du romantisme, des ouvrages d'inspiration gothique et merveilleuse dont on ne sait trop s'ils appartiennent au *genre frénétique* (p.   ) ou s'ils en sont la parodie (*Le Vampire, Bertram* [trad. de Maturin], *Trilby*) ; théoricien d'un romantisme clairvoyant et éclectique dans les *Annales de la littérature et des arts* (1820-1829), dont il est le critique littéraire attitré. Autour de lui et de sa fille, depuis Mme Ménessier, se réunissent dans son salon de l'*Arsenal*, dont il est le conservateur depuis 1823, et pendant de longues années, presque tous les romantiques.

2. Ch. Nodier, *Mercure du* XIXᵉ *siècle*, t. II (1821) — cité par Des Granges, *La Presse littéraire sous la Restauration*, p. 216.

sion de la société. Joignons-y cet axiome qui ne paraît pas moins évident : *la poésie est l'expression des passions et de la nature* ; et convenons que le romantique pourrait bien n'être autre chose que le classique des modernes, c'est-à-dire l'expression d'une société nouvelle, qui n'est ni celle des Grecs, ni celle des Romains.

LES SOURCES DU ROMANTISME MODERNE

C'est dans la même acception que le mot est pris, c'est la même direction qui est indiquée par quelques critiques clairvoyants, comme celui qui écrit les lignes suivantes, où l'on remarquera une tentative intéressante pour préciser les thèmes essentiels de la littérature nouvelle [1]:

Le nom moderne de romantique a déjà aussi deux sens : tantôt on l'applique à une littérature née du christianisme et de la chevalerie ; tantôt on affecte de s'en servir pour désigner les productions du mauvais goût le plus monstrueux. — La littérature romantique est celle qui présente l'expression de la société moderne, qui nous peint cette société, ou qui est au moins empreinte de ses couleurs... ; elle puise ses inspirations dans les quatre sources d'émotions les plus puissantes sur le cœur humain : la religion, la patrie, l'amour, la mélancolie.

Le romantisme ainsi largement compris n'est pas plus du moyen âge que de l'antiquité, il est moderne. Un autre critique, Aignan, ne voyant dans le romantisme, comme Ermes Visconti (p. 61) que les sujets, fait du romantique l'élément d'innovation, et du classique l'élément de tradition, dont se compose, à doses inégales, toute œuvre d'art [2]:

La littérature de la langue romane, ainsi que de celles qui en sont dérivées, est la littérature *romantique*, c'est-à-dire indigène, par opposition à la littérature classique, ou des écoles. Le caractère propre de la littérature romantique est donc d'exprimer l'ordre nouveau d'idées et de sentiments né des nouvelles combinaisons sociales : il tient tout entier à la substance, et nullement aux formes... Il n'y a point de littérature moderne qui ne soit, dans une mesure différente, un mélange de classique et de romantique, de national et d'imité... Le classique et le romantique sont, non point des genres s'excluant l'un l'autre, mais des caractères susceptibles de s'associer très bien l'un à l'autre.

1. Ernest de Blosseville (1799-1886), *Annales de la Littérature et des Arts*, t. XXIII (1825 — cité par Des Granges, p. 230.
2. Aignan (1773-1824), traducteur d'ouvrages anglais et allemands : *Minerve française*, t. IV (nov. 1818), p. 56 (*Sur la Littérature allemande*) — cité par Des Granges, p. 211.

LE MOUVEMENT ROMANTIQUE EN FRANCE

Pour Guiraud [1], l'un des chefs du cénacle de la *Muse française* de 1823-1824, dont le grand article intitulé *Nos Doctrines* est la profession de foi d'un romantisme mitigé, les précurseurs de la nouvelle littérature, Rousseau, Bernardin de Saint-Pierre, Chateaubriand, ne doivent pas plus être imités que les maîtres classiques, l'essence du romantisme étant l'individualité [2] :

Ces ouvrages, tout admirables qu'ils sont, doivent être laissés à part, comme portant une physionomie qui leur est propre, et ne peuvent servir à aucune imitation. On n'est vrai, dans ce genre, que d'après soi-même... Prenons donc ces compositions modernes chacune à part, et n'en faisons ni un *genre* ni une *école* ; car tout est particulier en elles, dans leur forme comme dans leur mérite.

Il discerne que, du point de vue de l'imitation, les classiques sociaux et ces grands solitaires ne sont pas sur le même plan, puisque ceux-ci doivent justement leur grandeur à leur originalité. Il trouve

à cette littérature d'inspiration et non de souvenir, ce caractère intime et *individuel* dont il n'y a aucune trace dans la littérature classique.

VICTOR HUGO : LE GROTESQUE

D'autre part, le principe de la relativité, poussé à sa dernière limite, supprime toute règle, donne un droit égal à toute forme de beauté : c'est ce que veut dire le jeune Victor Hugo [3] en 1822, lorsqu'il tranche, un peu légèrement, la question du romantisme en la niant [4] :

Pour lui [l'auteur de ce livre], il ignore profondément ce que c'est que le *genre classique* et que le *genre romantique*... En littérature, comme en toute chose, il n'y a que le bon et le mauvais, le beau et le difforme, le vrai et le faux... Le *beau* dans Shakespeare est tout aussi classique (si *classique* signifie digne d'être étudié) que le *beau* dans Racine...

1. Alexandre Guiraud (1788-1847), fonde avec Soumet, E. Deschamps, Hugo, Vigny et plusieurs autres la *Muse française* ; romantique des plus modérés et bientôt adopté par les classiques ; poète tragique et élégiaque (*Le Petit Savoyard*, 1823).
2. A. Guiraud, *Nos Doctrines* (*Muse française*, 1824 ; éd. Marsan, t. II, p. 7).
3. Victor Hugo (1802-1885), fonde avec ses frères Abel et Eugène le *Conservateur littéraire* (1819-1821), organe du romantisme royaliste-ultra et catholique ; un des principaux rédacteurs de la *Muse française* (1823-1824). La suite de ses nombreux articles de critique, complétée par la série de ses *Préfaces* (*Odes*, 1822 [juin et décembre], 1824 ; *Odes et Ballades*, 1826, 1828 ; *Orientales*, 1829 ; *Cromwell*, 1827 ; *Hernani*, 1830, etc...) donne le développement de ses idées à l'égard du romantisme.
4. V. Hugo, *Préface des Odes* (1re éd., juin 1822).

Quelques années plus tard, mûri et fortifié par les discussions littéraires qui se multiplient entre 1820 et 1827, exercé par les nombreux articles de critique où il est amené à examiner les principes et à juger les livres, Victor Hugo ne niera plus le *genre romantique*: il reconnaîtra, avec Mme de Staël, qu'il a existé deux grands groupes de littératures ; mais il croira découvrir la différence essentielle qui les sépare dans le laid ou mieux le grotesque, inconnu, dit-il, de l'antiquité classique, apporté par le christianisme, et qui fait de la littérature romantique une littérature de contrastes [1] ;

Essayons de faire voir que c'est de la féconde union du type grotesque au type sublime que naît le génie moderne, si complexe, si varié dans ses formes, si inépuisable dans ses créations, et bien opposé en cela à l'uniforme simplicité du génie antique ; montrons que c'est de là qu'il faut partir pour établir la différence radicale et réelle des deux littératures. ...Comme objectif auprès du sublime, comme moyen de contraste, le grotesque est, selon nous, la plus riche source que la nature puisse ouvrir à l'art. ...Le beau n'a qu'un type ; le laid en a mille.

Le christianisme amène la poésie à la vérité. Comme lui, la muse moderne verra les choses d'un coup d'œil plus haut et plus large. Elle sentira que tout dans la création n'est pas humainement *beau*, que le laid y existe à côté du beau, le difforme près du gracieux, le grotesque au revers du sublime... Elle se demandera... si c'est à l'homme à rectifier Dieu ; si une nature mutilée en sera plus belle... ; si enfin c'est le moyen d'être harmonieux que d'être incomplet... Elle se mettra à faire comme la nature, à mêler dans ses créations, sans pourtant les confondre, l'ombre à la lumière, le grotesque au sublime, en d'autres termes, le corps à l'âme, la bête à l'esprit... Ainsi, voilà un principe étranger à l'antiquité, un type nouveau introduit dans la poésie... Ce type, c'est le grotesque...

Nous venons d'indiquer le trait caractéristique, la différence fondamentale qui sépare, à notre avis, l'art moderne de l'art antique, la forme actuelle de la forme morte, ou, pour nous servir de mots plus vagues, mais plus accrédités, la littérature *romantique* de la littérature *classique*.

— Donc vous faites du *laid* un type d'imitation, du *grotesque* un élément de l'art. Mais les grâces... mais le bon goût... Ne savez-vous pas que l'art doit rectifier la nature ? qu'il faut l'*ennoblir* ? qu'il faut *choisir* ?

1. V. Hugo, *Préface de Cromwell* (1827).

L'art ne choisit pas, ou du moins n'élimine que l'ennuyeux et l'insignifiant. Le beau, c'est l'intéressant (cf. Fr. Schlegel, p. 40 et Manzoni, p. 64).

CH. NODIER : LE GENRE FRÉNÉTIQUE

Mais ce goût pour l'original, le distinctif, le typique, ne doit pas devenir un goût pour le monstrueux, le repoussant, l'absurde. Charles Nodier, en défenseur prudent du vrai romantisme, revient à plusieurs reprises sur le danger que lui fait courir le bas romantisme ou *genre frénétique*, avec lequel ses ennemis affectent de confondre toutes les productions des novateurs :

[1] L'audace trop facile du poète et du romancier qui promène l'athéisme, la rage et le désespoir à travers les tombeaux ; qui exhume les morts pour épouvanter les vivants, et qui tourmente l'imagination de scènes terribles, dont il faut demander le modèle aux rêves effrayants des malades... [2] Le genre souvent ridicule et quelquefois révoltant qu'on appelle en France romantique, et pour lequel nous croyons n'avoir pas trouvé trop malheureusement l'épithète de *frénétique*, ne sera jamais un genre... On appelle, en France, cette poésie *maladive* la poésie *romantique*, mais à faux. MM. Schlegel ont introduit cette dénomination en Allemagne pour désigner la poésie chevaleresque du moyen âge ; prise en ce sens, l'expression est juste, et Gœthe, le plus vrai des poètes de l'époque actuelle, est, sous ce rapport, bien plus romantique que lord Byron, dont le genre est frénétique, malgré le génie de l'auteur.

LES CARACTÈRES DE LA LITTÉRATURE
NOUVELLE

Que sera la littérature nouvelle, qu'attend le public, las du mauvais classique de l'Empire, et que les romantiques de 1820 à 1830 se proposent de lui donner ? Le copieux courant de discussions critiques et de vues esthétiques qui se répand en ces années-là dans les livres, les préfaces et surtout les articles de la presse littéraire, fournit de quoi répondre à peu près à cette question. Sur la liberté *de* l'art ou *dans* l'art, sur les règles et l'imitation, sur les thèmes généraux de toute œuvre parlant aux modernes leur langage, plusieurs écrivains en vue s'expliquent

---

1. Ch. Nodier, *Mercure du XIXᵉ siècle*, t. II (1821) — cité par Des Granges, p. 216.
2. *Id.*, Préface de *Bertram ou le Château de Saint-Aldebrand* [de Maturin], traduction Taylor et Nodier, 1821 — cité par Des Granges, p. 217 et 219.

dans leurs préfaces, et font volontiers la théorie de leur talent. Plus désintéressés et souvent plus pénétrants, des critiques et des journalistes indiquent les grandes lignes du mouvement littéraire tel qu'ils le souhaitent ou le pressentent.

Pour Guiraud, ces caractères sont donnés par ceux de la société qui se souvient de la Révolution, qui a vu l'Empire[1] :

> Celle-ci [la société] est devenue plus vraie : la littérature le sera aussi ; il est entré violemment du sérieux dans les esprits : elle sera sérieuse. Nos pensées ont été violemment refoulées en nous-mêmes : elle sera plus intime ; elle nous révèlera les secrètes parties du cœur... Elle nous donnera enfin de la poésie, car le malheur est de toutes les inspirations poétiques la plus féconde.

L'ORIGINALITÉ

L'originalité est nécessaire à quiconque fait œuvre d'art. Le sentiment des différences d'esprit, de temps et de lieu fait mieux sentir la beauté partout où elle se trouve. Puisque les règles n'ont plus de valeur absolue, puisque le beau est relatif, il faut laisser l'écrivain s'exprimer tout entier, avec ses défauts, aussi nécessaires que ses beautés, et qui sont la condition de ces dernières. L'œuvre d'art est désormais conçue non plus comme un édifice dont on peut refaire une aile, mais comme un être vivant qu'on ne peut mutiler sans le détruire[2] :

> On comprendra bientôt généralement que les écrivains doivent être jugés, non d'après les règles et les genres, choses qui sont hors de la nature et hors de l'art ; mais d'après les principes immuables de cet art et les lois spéciales de leur organisation personnelle... On consentira, pour se rendre compte d'un ouvrage, à se placer au point de vue de l'auteur, à regarder le sujet avec ses yeux. On quittera, et c'est M. de Chateaubriand qui parle ici, *la critique mesquine des défauts pour la grande et féconde critique des beautés...* Les défauts, du moins ce que nous nommons ainsi, sont souvent la condition native, nécessaire, fatale, des qualités. Telle tache peut n'être que la conséquence indivisible de telle beauté... Effacez l'une, vous effacez l'autre. L'originalité se compose de tout cela...

Il faut aussi faire la part du temps, du climat, des influences locales. La Bible, Homère, nous blessent quelquefois par leurs sublimités mêmes. Qui voudrait y retrancher un mot ?

---

1. A. Guiraud, *Nos Doctrines* (éd. Marsan, t. II, p. 21).
2. V. Hugo, *Préface de Cromwell.*

Non seulement il faut respecter cette originalité sacrée, mais il faut l'aider à se créer. Pour cela, plus de livres, la nature (cf. Wordsworth, p. 23) ; plus de modèles, la vie [1] :

Il faut se défier de ce conseil rebattu dont on poursuit le commençant : « Enfermez-vous avec vos livres, méditez-les sans cesse ; étudiez incessamment les grands maîtres, et vous les égalerez. » Dites qu'ils les copieront, et voilà tout. Nous leur dirons au contraire : « Vivez et sentez-vous vivre, plongez-vous dans le monde, apprenez à connaître les hommes en les pratiquant... ; passionnez-vous aux grandes scènes de la vie, de la politique, de la nature... Sentez donc pour être vrais ; soyez hommes avant d'être poètes. »

INDÉPENDANCE VIS-A-VIS DES MODÈLES CLASSIQUES ET DES ROMANTIQUES ÉTRANGERS

Les critiques classiques faisaient de l'imitation des *modèles* la première condition de l'art ; toute beauté neuve était suspecte à leur *goût* [2] :

Que de beautés nous coûtent les *gens de goût*, depuis Scudéry jusqu'à la Harpe ! on composerait une bien belle œuvre de tout ce que leur souffle aride a séché dans son germe...

On répète... et quelque temps encore sans doute on ira répétant : « Suivez les règles ! Imitez les modèles ; ce sont les règles qui ont formé les modèles ! » Un moment ! Il y a en ce cas deux espèces de modèles : ceux qui se sont faits d'après les règles, et, avant eux, ceux d'après lesquels on a fait les règles. Or, dans laquelle de ces deux catégories le génie doit-il se chercher une place ?... Et puis, imiter ! Le reflet vaut-il la lumière ? Le satellite qui se traîne sans cesse dans le même cercle vaut-il l'astre central et générateur ? Avec toute sa poésie, Virgile n'est que la lune d'Homère. — Et voyons : qui imiter ? Les anciens ? Nous venons de prouver que leur théâtre n'a aucune coïncidence avec le nôtre... Les modernes ? Ah ! imiter des imitations ! Grâce !

Le poète romantique français n'imitera pas davantage les romantiques de l'étranger. Il sera romantique comme eux en étant original comme eux, en se rattachant sans intermédiaire à la nature et à la vie :

Que le poète se garde surtout de copier qui que ce soit, pas plus Shakespeare que Molière, pas plus Schiller que Corneille. Si le vrai talent pouvait abdiquer à ce point sa propre nature, et laisser

---

1. Charles de Rémusat (1797-1875). *Globe*, 22 janv. 1825 (*De l'état de la Poésie française*) — cité par Des Granges, p. 239.
2. V. Hugo, *Préface de Cromwell*.

ainsi de côté son originalité personnelle pour se transformer en autrui, il perdrait tout à jouer ce rôle de sosie... Il faut puiser aux sources primitives... C'est la même nature qui féconde et nourrit les génies les plus différents... A quoi bon s'attacher à un maître ? se greffer sur un modèle ?... Le parasite d'un géant sera tout au plus un nain.

Ces lignes s'appliquent à l'imitation — recommandée par d'autres et pratiquée abondamment en ce temps — des pièces, que l'opinion avait commencé à adopter, de Shakespeare ou de Schiller. La même indépendance sera la loi du poète lyrique :

Il [l'auteur] ne condamnerait pas moins l'imitation qui s'attache aux auteurs dits *romantiques*, que celle dont on poursuit les auteurs dits *classiques*. Celui qui imite un poète *romantique* devient nécessairement un *classique*, puisqu'il imite.

Comme Herder (p. 39), Victor Hugo fait une place d'exception à deux livres primitifs et essentiels, plutôt sources que modèles[1] :

Le poète ne doit avoir qu'un modèle, la nature ; qu'un guide, la vérité. Il ne doit pas écrire avec ce qui a été écrit, mais avec son âme et avec son cœur. De tous les livres qui circulent entre les mains des hommes, deux seuls doivent être étudiés par lui, Homère et la Bible.

L'INNOVATION NÉCESSAIRE

L'originalité est le propre du génie et la condition du succès. Émile Deschamps[2], dans un des manifestes les plus importants et les plus complets de la nouvelle école, sa *Préface* aux *Études françaises et étrangères* (1828) — déjà publiée en partie dans un article de la *Muse française* (*La guerre en temps de paix* : 1824) — pose en principe que pour savoir dans quel sens elle doit s'avancer, la littérature du XIXe siècle n'a qu'à regarder en arrière : laissant de côté les voies déjà suivies avec succès, elle s'engagera, en prose comme en vers, dans celles qui ont été négligées jusqu'ici[3] :

Pour répondre à ces questions, il ne faut qu'examiner en quoi consiste notre gloire littéraire dans les époques précédentes, et quels sont les genres où nos hommes de génie ont excellé. Or, c'est précisément dans ce qu'ils n'ont pas fait qu'on peut se faire un nom...

1. V. Hugo, *Préface des Odes et Ballades* (1826).
2. E. Deschamps (1791-1871) fait partie avec son frère Antoni des principaux groupes romantiques ; adapte Shakespeare et s'inspire, dans ses poésies, des légendes étrangères et notamment du Romancero espagnol.
3. É. Deschamps, *Préface des Études françaises et étrangères* (1828).

Ce n'est pas en cherchant à les imiter qu'on parviendra jamais à les égaler. Un grand siècle littéraire n'est jamais la continuation d'un autre siècle... — L'innovation est toujours le seul moyen de gloire...

SUPPRESSION DES GENRES DÉFINIS

De même qu'on avait imité les modèles, on avait respecté les *genres*. Or les genres sont des cadres temporaires, que séparent des barrières artificielles. Le respect aveugle pour les prétendues limites et les prétendues convenances des genres est une des traditions que le romantisme français s'est appliqué à détruire, Victor Hugo en tête [1] :

On entend tous les jours, à propos de productions littéraires, parler de la *dignité* de tel genre, des *convenances* de tel autre, des *limites* de celui-ci, des *latitudes* de celui-là ; la *tragédie* interdit ce que le *roman* permet ; la *chanson* tolère ce que l'*ode* défend, etc... L'auteur de ce livre a le malheur de ne rien comprendre à tout cela. Il y cherche des choses et n'y voit que des mots ; il lui semble que ce qui est réellement beau et vrai, est beau et vrai partout ; que ce qui est dramatique dans un roman sera dramatique sur la scène ; que ce qui est lyrique dans un couplet sera lyrique dans une strophe : qu'enfin et toujours la seule distinction véritable dans les œuvres de l'esprit est celle du bon et du mauvais...

...Il faut bien se garder de confondre l'ordre avec la régularité. La régularité ne s'attache qu'à la forme extérieure : l'ordre résulte du fond même des choses, de la disposition intelligente des éléments intimes d'un sujet.

LA LIBERTÉ

Plus de genres, partant, plus de *lois du genre,* plus de ces théories qui, pour le guider plus sûrement vers le succès, enserraient de tant de liens la fantaisie de l'écrivain : plus de poétique, ni d'art poétique. C'est cette déclaration retentissante qui donnait à la *Préface de Cromwell* son plus vif intérêt aux yeux des jeunes [2] (cf. Manzoni, p. 82).

Disons-le donc hardiment. Le temps en est venu, et il serait étrange qu'à cette époque la liberté, comme la lumière, pénétrât partout, excepté dans ce qu'il y a de plus nativement libre au monde, les choses de la pensée. Mettons le marteau dans les théories, les poétiques et les systèmes. Jetons bas ce vieux plâtrage qui

1. V. Hugo, *Préface des Odes et Ballades* (1826).
2. Id., *Préface de Cromwell.*

masque la façade de l'art ! Il n'y a ni règles ni modèles ; ou plutôt, il n'y a d'autres règles que les lois générales de la nature, qui planent sur l'art tout entier, et les lois spéciales qui, pour chaque composition, résultent des conditions d'existence propres à chaque sujet. Les unes sont éternelles, intérieures, et restent ; les autres variables, extérieures, et ne servent qu'une fois.

À l'époque d'*Hernani*, sous l'émotion des luttes soutenues pour faire jouer et triompher le drame, Victor Hugo dégage de cette expérience récente une nouvelle définition du romantisme : il l'identifie avec la liberté [1] :

Le romantisme, tant de fois mal défini, n'est, à tout prendre, et c'est là sa définition réelle, si l'on ne l'envisage que sous son côté militant, que le *libéralisme* en littérature. ...La liberté dans l'art, la liberté dans la société ; voilà le double but auquel doivent tendre d'un même pas tous les esprits conséquents et logiques... Nous voilà sortis de la vieille forme sociale ; comment ne sortirions-nous pas de la vieille forme poétique ? A peuple nouveau, art nouveau... Elle saura bien avoir sa littérature propre et personnelle et nationale, cette France actuelle, cette France du xixᵉ siècle à qui Mirabeau a fait sa liberté et Napoléon sa puissance.

De même qu'il doit y avoir liberté absolue, et que le drame a le droit de se constituer en synthèse de la tragédie et de la comédie, de même il doit y avoir liberté absolue du sujet, et l'on peut parler en vers de l'Orient comme du moyen âge, car il n'y a pas de sujets interdits [2] :

Il n'y a, en poésie, ni bons ni mauvais sujets, mais de bons et de mauvais poètes. D'ailleurs, tout est sujet ; tout relève de l'art ; tout a droit de cité en poésie.

L'auteur s'insurge contre le pédantisme doctrinaire qu'il incarne en Boileau (cf. Keats, p. 8).

...Parlez-moi d'une belle littérature tirée au cordeau ! — Les autres peuples disent : Homère, Dante, Shakespeare. Nous disons : Boileau !

LA VÉRITÉ

Le principe de l'art est la vérité, puisée dans la nature, et non la convention, puisée dans les livres ; mais une vérité d'art, s'empresse d'ajou-

1. V. Hugo, *Préface d'Hernani* (9 mars 1830).
2. Id., *Préface des Orientales* (1829).

ter Victor Hugo, une vérité qui est le respect des rapports exacts plutôt que l'impossible identité avec le réel [1] :

La nature donc ! La nature et la vérité. — Et ici, afin de montrer que, loin de démolir l'art, les idées nouvelles ne veulent que le reconstruire plus solide et mieux fondé, essayons d'indiquer quelle est la limite infranchissable qui, à notre avis, sépare la réalité selon l'art de la réalité selon la nature. Il y a étourderie à les confondre, comme le font quelques partisans peu avancés du *romantisme*. La vérité de l'art ne saurait jamais être, ainsi que l'ont dit plusieurs, la réalité absolue. L'art ne peut donner la chose même.

Cette vérité se manifestera, non seulement dans le fond et dans l'ensemble, mais dans la forme et dans les détails. Le classique répandait des teintes fausses, confondait les lieux et les temps ; le romantisme respecte la couleur locale, et se pique d'une scrupuleuse exactitude dans la peinture et dans l'expression [2] :

Ce n'est pas un besoin de nouveauté qui tourmente les esprits, c'est un besoin de vérité ; et il est immense. — Ce besoin de vérité, la plupart des écrivains supérieurs de l'époque tendent à le satisfaire. Le goût, qui n'est autre chose que l'*autorité* en littérature, leur a enseigné que leurs ouvrages, vrais pour le fond, devaient être également vrais dans la forme ; sous ce rapport, ils ont fait faire un pas à la poésie. [Dans] les écrivains des autres peuples et des autres temps... on rencontre fréquemment... des détails empruntés à des mœurs, à des religions ou à des époques trop étrangères au sujet.

1. V. Hugo, *Préface* de *Cromwell*.
2. Id., *Préface* des *Nouvelles Odes* (1824).

CHAPITRE II

LA POÉSIE ROMANTIQUE

UNE POÉSIE NOUVELLE. LA POÉSIE DE SENTIMENT. LA POÉSIE MODERNE | LES GENRES NOUVEAUX. LE LYRISME. L'ODE : V. HUGO || LA VERSIFICATION. L'ÉCOLE D'ANDRÉ CHÉNIER.

UNE POÉSIE NOUVELLE

Aucun genre n'est plus sûrement à renouveler que la poésie. La poésie qui n'est pas celle du théâtre, la poésie du livre, celle des deux derniers siècles, depuis Malherbe — et avant Sainte-Beuve on ne remonte pas plus haut — jusqu'à Delille, ne satisfait plus les jeunes hommes de 1820, ne leur paraît plus être de la poésie. Cadres à briser, fond à renouveler, inspiration à retrouver, forme à affranchir, tout est à faire en poésie. De là le succès des Poésies de Chénier publiées en 1819 par Latouche, de là aussi l'enthousiasme sans précédent qu'éveillent les *Méditations* en 1820. — Mais comment recréer la poésie française ? La poésie classique était un langage de convention qui servait à décrire, à conter, à disserter ; la poésie nouvelle sera une attitude de l'esprit, un état de l'âme, indépendant du sujet choisi ou du rythme adopté[1] :

Le domaine de la poésie est illimité... Les beaux ouvrages de poésie en tout genre, soit en vers, soit en prose, qui ont honoré notre siècle, ont révélé cette vérité à peine soupçonnée auparavant, que la poésie n'est pas dans la forme des idées, mais dans les idées elles-mêmes. La poésie, c'est tout ce qu'il y a d'intime dans tout.

LA POÉSIE DU SENTIMENT

Ce dernier mot reparaît commenté de vingt façons dans les préfaces et les articles critiques de l'époque. Soumet[2] pose en principe que

1. V. Hugo, *Préface* de la 1re éd. des *Odes* (juin 1822).
2. Alexandre Soumet (1786-1845), languedocien comme Guiraud, lauréat comme lui et

la poésie nouvelle sera une poésie de sentiments, et de sentiments graves [1].

Les temps ne sont plus où d'aimables maximes et de riants préceptes suffisaient à l'inspiration. L'imagination des modernes a besoin de pénétrer plus avant dans les mystères de notre propre cœur... La religion, l'enthousiasme des dévouements sublimes, la contemplation de la nature et de la divinité, sont aujourd'hui les plus chers objets de la rêverie des muses...

La poésie n'est pas un métier : il y faut l'inspiration recueillie (cf. Manzoni dans l'*Ira d'Apollo*, p. 70) [2].

Osons le dire un peu haut, ce n'est point réellement aux *sources d'Hippocrène*, à la *fontaine de Castalie*, ni même au *ruisseau de Permesse*, que le poète puise le génie ; mais tout simplement dans son âme et dans son cœur... Le poète appelle l'inspiration par la méditation, comme les prophètes s'élevaient à l'extase par la prière... Pour que la muse se révèle à lui, il faut qu'il ait en quelque sorte dépouillé toute son existence dans le calme et le recueillement.

LA POÉSIE MODERNE

Tout le groupe de la *Muse Française* (1823-1824) abonde en ce sens. Dans ce milieu romantique et dans cette revue de jeunes, on se porte vers l'élégie rêveuse, sentimentale, passionnée [3] :

Nous voulons aujourd'hui qu'on nous parle de nous... nous sommes devenus un peu froids pour les événements des siècles reculés... On reproche aux poètes de nos jours de ne pas imiter les anciens : on oublie donc qu'ils font comme eux, puisqu'ils n'imitent pas... Comme les Grecs, ils puisent encore aux sources des plus nobles inspirations, la religion et la patrie.

Bien avant Lamartine et ses *Destinées de la Poésie*, un anonyme, dans un recueil périodique de teinte neutre, exprimait heureusement comment la poésie intime doit être la poésie de l'homme ordinaire, moderne, en des termes qui rappellent Wordsworth (p. 20) [4] :

comme V. Hugo des *Jeux Floraux* de Toulouse, tragique, épique, élégiaque (*La Pauvre Fille*, 1814), un des fondateurs de la *Muse française*, où il donne des articles de critique.

1. A. Soumet, *Muse française*, 1824 [éd. J. Marsan, t. II] — article sur les *Nouvelles Odes* de V. Hugo.

2. V. Hugo, article sur *Eloa*, d'Alfred de Vigny (*Muse française*, 1824) — cité par E. Dupuy, *La Jeunesse des Romantiques*, p. 58.

3. Jules de Rességuier (1783-1862), *Muse française*, t. II, p. 95 (1824) — cité par Des Granges, p. 276.

4. *Archives philosophiques*, t. I, p. 338 (1817) — cité par Des Granges, p. 248.

Quelles seront les sources de la poésie nouvelle ? Les idées et les sentiments qui ont leurs racines et leur commencement d'existence dans le cœur de l'homme *ordinaire*... Tous les matériaux de la poésie se tirent de la nature commune à tout homme doué des facultés de l'homme. Il ne s'agit que de les y développer... Et combien y parviendra-t-on facilement, si cette situation n'est pas trop éloignée de celle de l'individu sur lequel on veut agir, si l'on ne va pas chercher, à trois mille ans de nous, dans des mœurs et des temps impossibles à nous représenter, les sujets dont on veut se servir pour nous émouvoir ?

LES GENRES NOUVEAUX

Hors du théâtre, la poésie française, dit Emile Deschamps fidèle à sa théorie de l'innovation nécessaire, a un grand retard à rattraper. Et il indique les trois directions qui s'offrent à elle[1] :

La littérature française des deux derniers siècles est restée fort inférieure à toutes les littératures anciennes et modernes dans trois autres genres ; et fort heureusement pour les poètes du siècle actuel, ces genres sont : l'*Epique*, le *Lyrique*, et l'*Elégiaque*, c'est-à-dire, ce qu'il y a de plus élevé dans la poésie, si ce n'est pas la poésie même.... C'est donc de ce côté que devait se porter la vie de la poésie actuelle. Aussi M. Victor Hugo s'est-il révélé dans l'Ode, M. de Lamartine dans l'Elégie, et M. Alfred de Vigny dans le Poème.

LE LYRISME

De tous ces genres généraux, le lyrique est le plus important, ou pour mieux dire il contient tous les autres. Le romantisme a pensé ce que précise Rémusat, que le lyrisme sincère, et non pas l'ode froidement machinée, est la véritable forme de la poésie moderne[2] :

On pourrait dire que le poète ne se met tout entier que dans la poésie lyrique : c'est dans celle-ci qu'il est chose légère, qu'il vole çà et là et se pose en tous lieux... La poésie lyrique sort de la pensée... pour se porter successivement sur tous les objets... Elle est universelle comme le monde ; elle exprime toutes les impressions en présence de tous les spectacles. — Une telle poésie doit plaire à notre âge. En reproduisant des émotions personnelles, elle satisfait à ce besoin du naturel et du vrai, goût dominant de l'époque...

1. É. Deschamps, *Préface*...
2. Ch. de Rémusat, *Globe*, 12 février 1825 — cité par Des Granges, p. 287.

C'est le seul genre naturel ; par son indétermination même il échappe à ces règles qui paralysent les autres genres[1] :

Les *genres de convention* sont démonétisés... C'est le moment d'en finir avec tous les genres de convention... La poésie en est réduite à sa forme naturelle et primitive, la poésie lyrique... Les hommes se mettent à préférer la vérité et à trouver la nature plus merveilleuse dans sa simplicité qu'embellie par les plus riches fictions : c'est alors que la muse lyrique reprend son empire... La poésie lyrique est si bien la poésie des temps modernes que c'est sur elle que se fondent les grandes réputations poétiques de nos jours... Gœthe, Schiller, Bürger, Uhland, Manzoni, Byron...

L'ODE : VICTOR HUGO

En 1822, V. Hugo entreprend de renouveler l'Ode : il veut la rendre chrétienne, vraie, intime, et naturelle[2] :

Cependant l'ode française, généralement accusée de froideur et de monotonie, paraissait peu propre à retracer ce que les trente dernières années de notre histoire présentent de touchant et de terrible, de sombre et d'éclatant, de monstrueux et de merveilleux. L'auteur de ce recueil, en réfléchissant sur cet obstacle, a cru découvrir que cette froideur n'était point dans l'essence de l'ode, mais seulement dans la forme que lui ont jusqu'ici donnée les poètes lyriques. Il lui a semblé que la cause de cette monotonie était dans l'abus des apostrophes, des exclamations, des prosopopées et autres figures véhémentes que l'on prodiguait dans l'ode ; moyens de chaleur qui glacent lorsqu'ils sont trop multipliés et étourdissent au lieu d'émouvoir. Il a donc pensé que si l'on plaçait le mouvement de l'ode dans les idées plutôt que dans les mots, si de plus on en asseyait la composition sur une idée fondamentale quelconque qui fût appropriée au sujet, et dont le développement s'appuyât dans toutes ses parties sur le développement de l'événement qu'elle raconterait, en substituant, aux couleurs usées et fausses de la mythologie païenne, les couleurs neuves et vraies de la théologie chrétienne, on pourrait jeter dans l'ode quelque chose de l'intérêt du drame, et lui faire parler en outre le langage austère, consolant et religieux, dont a besoin une vieille société qui sort encore toute chancelante des saturnales de l'athéisme et de l'anarchie.

1. Id., *ibid.*, 5 et 27 sept., 5 nov. 1828 — p. 505.
2. V. Hugo. *Préface des Odes* (décembre 1822).

LA VERSIFICATION

Mais à la réforme de la poésie doit s'associer la réforme de la versification. Celle-ci est plus avancée, grâce aux modèles laissés par André Chénier : le plus grand nombre des romantiques profitent de son exemple. Les trois nouveautés essentielles, rime riche, césure mobile et libre enjambement, sont signalées par Sainte-Beuve[1] qui y voit les éléments d'une résurrection de l'alexandrin[2] :

LES NOUVEAUTÉS DE L'ÉCOLE D'ANDRÉ CHÉNIER

Un des premiers soins de l'école d'André Chénier a été de retremper le vers flasque du XVIIIe siècle, et d'assouplir le vers un peu roide et symétrique du XVIIe ; c'est de l'alexandrin surtout qu'il s'agit. Avec la rime riche, la césure mobile et le libre enjambement, elle a pourvu à tout, et s'est créé un instrument à la fois puissant et souple.

...*Le Cid* et *Nicomède*, *les Plaideurs* et les pièces en vers de Molière mis hors de cause, l'alexandrin de l'école nouvelle lui est tout à fait propre, et pour en retrouver d'anciens exemples, il ne faut pas remonter moins haut que Régnier, Baïf et Ronsard.

Même profession de foi sous la plume d'Émile Deschamps[3] :

André Chénier a rompu ce joug usé... il a rendu à nos vers l'indépendance de la césure et de l'enjambement, et ces formes elliptiques, et cette allure jeune et vive, dont ils n'avaient presque plus de traces. C'est le mode de versification que suit l'école actuelle, qui a repris aussi à nos anciens poètes cette richesse élégante de rimes, trop négligée dans le dernier siècle ; car la rime est le trait caractéristique de notre poésie... Les personnes peu familiarisées avec la versification d'André Chénier et de nos jeunes poètes, se perdent dans les déplacements de césure et dans les enjambements.... Comment ne sent-on pas que le rythme continue sous ce désordre apparent et qu'il n'y manque rien que la monotonie ?

1. Augustin Sainte-Beuve (1804-1869), apporte sa contribution au romantisme par son *Tableau de la poésie au XVIe siècle* (1828), par ses poésies (*Vie, Poésies et Pensées de Joseph Delorme,* 1829 ; *Consolations,* 1830) ; s'intéresse en artiste aux questions de versification ; tente la poésie intimiste et même réaliste, sous l'influence de Wordsworth qu'il traduit ou imite, ainsi que Bowles, Lamb, Schlegel, Uhland, Rückert.
2. Sainte-Beuve, *Pensées de Joseph Delorme,* IV (1829).
3. E. Deschamps, *Préface....* Levavasseur, édit.

CHAPITRE III

LE DRAME ROMANTIQUE

NÉCESSITÉ D'UNE RÉVOLUTION DRAMATIQUE

En France, la littérature, pour beaucoup, est surtout représentée par le théâtre. Une révolution littéraire devra s'accompagner d'une révolution dramatique. Cet aspect du romantisme passionne le grand public. Aussi les chefs de l'école s'efforcent-ils surtout de faire triompher leurs idées au théâtre. Il ne s'agit plus de corriger ou de rafraîchir la tragédie, comme Voltaire l'avait tenté, mais de la remplacer par un genre nouveau, le drame. On a vu jouer Shakespeare en anglais à Paris, on l'a lu en français, on veut en faire jouer des traductions ; on connaît et on adapte Schiller ; ce sont les deux inspirateurs de la révolution. Celle-ci s'annonce dès le début de la Restauration, mais n'éclate qu'après 1825, et paraît triompher en 1830. Les trois professions de foi qu'il faut surtout connaître sont la *Préface* de *Cromwell* (1827), celle des *Études* de Deschamps (1828), et la *Lettre à Lord*** sur la soirée du 24 octobre 1829 et sur un système dramatique* que Vigny met en guise de préface en tête de l'édition du *More de Venise* (1829).

La nouvelle société veut un théâtre nouveau, dit Deschamps ; en 1828, chacun avait son drame, original, traduit ou adapté, à faire jouer, et le mot d'ordre était l'assaut du Théâtre-Français[1] :

On ne peut nier l'immense révolution produite dans la littérature française par les historiens, les philosophes et les poètes de la nouvelle école ; pourquoi l'art dramatique n'aurait-il pas son tour ?... Mais déjà cette révolution est tentée avec plus ou moins de bonheur sur tous nos théâtres. Seul, le Théâtre Français reste encore immobile au milieu du mouvement général. C'est la dernière forteresse du *scolastique* ; elle ne pourra pas tenir longtemps, il faudra

[1]. É. Deschamps, *Préface....* Levavasseur, édit.

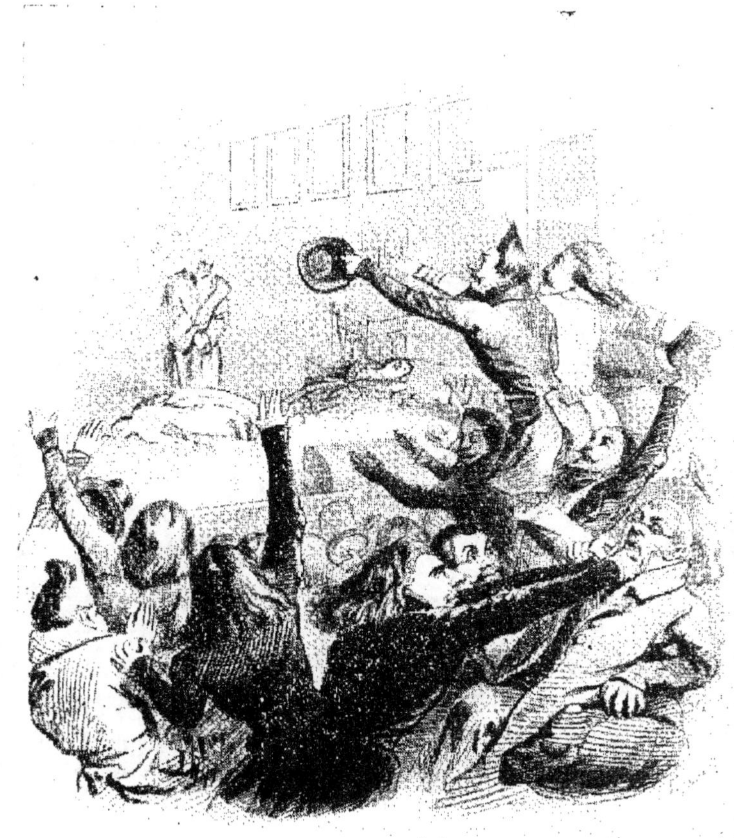

LES ROMAINS ÉCHEVELÉS
A LA PREMIÈRE REPRÉSENTATION D'*HERNANI*
par Grandville
A LA DERNIÈRE SCÈNE DE LA PIÈCE, L'ENTHOUSIASME DANS LE CAMP
ROMANTIQUE EST A SON COMBLE, LA « DERNIÈRE
FORTERESSE DU SCOLASTIQUE », LE THÉATRE-FRANÇAIS, EST ENLEVÉE
D'ASSAUT, LE DRAME NOUVEAU SORT VAINQUEUR DE LA GUERRE

bien qu'elle capitule par famine. — Les choses sont déjà fort avancées : déjà l'on sait très bien ce qu'on ne veut plus, si on ne sait pas encore ce qu'on veut. Le terrain est déblayé, il n'y a plus qu'à tracer les routes.

CRITIQUE DE LA TRAGÉDIE CLASSIQUE

La critique systématique et complète de la tragédie classique française, dans son essence comme dans ses formes extérieures, avait déjà été faite par Schlegel (p. 42), dont le *Cours de littérature dramatique,* traduit par Mme Necker de Saussure (1814), est entre les mains des novateurs, et par Manzoni (p. 82), dont la *Lettre* en français à *M. C**** (1820) est connue d'eux. Ces attaques n'ont plus l'intérêt ni la hardiesse de la nouveauté : aussi les résume-t-on comme chose acquise et presque hors de contestation. Vigny [1] caractérise d'abord la tragédie classique [2] :

Donc il fallait, dans des vestibules qui ne menaient à rien, des personnages n'allant nulle part, parlant de peu de chose, avec des idées indécises et des paroles vagues, un peu agités par des sentiments mitigés, des passions paisibles, et arrivant ainsi à une mort gracieuse ou à un soupir faux...

Il en tire la conséquence que les chefs-d'œuvre sont tels malgré les règles, et non par les règles [3] :

Aussi n'est-ce qu'à force de génie et de talent que les premiers de chaque époque sont parvenus à jeter de grandes lueurs dans ces ombres, à arrêter de belles formes dans ce chaos ; leurs œuvres furent de magnifiques exceptions, on les prit pour des règles.

LES UNITÉS

Sur elles porte la critique la plus facile. Après Manzoni (p. 79), V. Hugo leur dit leur fait, et, d'un mot, indique quelques-unes de leurs conséquences [3] :

On ne ruinerait pas moins aisément la prétendue règle des deux unités. Nous disons deux et non *trois* unités, l'unité d'action ou

1. Alfred de Vigny (1797-1863), fait partie, quoique avec une certaine réserve, des successifs cénacles romantiques ; insère dans la *Muse française* quelques articles de critique et des poèmes que plus tard il n'a pas admis dans ses recueils : *Poèmes,* 1822 ; *Poèmes antiques et modernes,* 1826 ; écrit en 1828 une adaptation en vers, *Shylock, le marchand de Venise,* non jouée ; fait représenter le 24 octobre 1829 *Le More de Venise,* et se rattache encore à la conception romantique par *Chatterton* (1835).
2. A. de Vigny, *Lettre à Lord ***,* Ch. Delagrave, édit.
3. V. Hugo, *Préface de Cromwell.*

d'ensemble, la seule vraie et fondée, étant depuis longtemps hors de cause. — ...Quoi de plus invraisemblable et de plus absurde, en effet, que ce vestibule, ce péristyle, cette antichambre, lieu banal où nos tragédies ont la complaisance de venir se dérouler...? ...Il résulte de là que tout ce qui est trop caractéristique, trop intime, trop local, pour se passer dans l'antichambre ou dans le carrefour, c'est-à-dire tout le drame, se passe dans la coulisse. Nous ne voyons en quelque sorte sur le théâtre que les coudes de l'action ; ses mains sont ailleurs. Au lieu de scènes, nous avons des récits ; au lieu de tableaux, des descriptions... — L'unité de temps n'est pas plus solide que l'unité de lieu. L'action, encadrée de force dans les vingt-quatre heures, est aussi ridicule qu'encadrée dans le vestibule. Toute action a sa durée propre comme son lieu particulier.

Et Vigny, deux ans plus tard, ne se donne même plus la peine de les critiquer en détail[1] :

Grâce au ciel, le vieux trépied des unités, sur lequel s'asseyait Melpomène, assez gauchement quelquefois, n'a plus aujourd'hui que la seule base solide que l'on ne puisse lui ôter : l'unité d'intérêt dans l'action... Mais il ne suffit pas de s'être affranchi de ces entraves pesantes ; il faut encore effacer l'esprit étroit qui les a créées...

SHAKESPEARE SUR LA SCÈNE FRANÇAISE

Ce n'est pas tout de détruire, il faut reconstruire, et d'après quels modèles ? On pense tout de suite aux meilleures pièces de l'Angleterre et de l'Allemagne. L'idée dominante des romantiques de 1820 à 1830, c'est qu'il convient de les traduire pour les faire connaître. Ainsi Nodier, à propos de la publication chez Ladvocat du *Théâtre étranger*, 20 volumes, dont l'influence fut considérable sur le théâtre français[2] :

L'avantage réel d'un tel travail est de nous approprier les conceptions d'une muse étrangère avec toutes ses beautés, tous ses écarts et tous ses artifices. Cette Melpomène de l'étranger, il faut nous la donner et non pas nous la faire.

ÉMILE DESCHAMPS

Mais bientôt on ne trouve pas suffisant qu'on imprime des traduc-

---

1. A. de Vigny, *Lettre à Lord ***. Ch. Delagrave, édit.
2. Ch. Nodier, *Annales de la Littérature et des Arts*, t. V, p. 219 (1821) — cité par Des Granges, p. 214.

tions : on voudrait faire jouer Shakespeare sur la scène française avant tout essai original, afin d'accoutumer le goût du public à des libertés de plus en plus grandes. Emile Deschamps, partisan de ce stade intermédiaire consacré à des traductions, en avait une, de *Roméo et Juliette*, toute prête [1] :

...La révolution dramatique ne saurait être mieux commencée que par la représentation des chefs-d'œuvre de Shakespeare traduits en vers français avec audace et fidélité. — Quoi ! dira-t-on, encore des imitations, jamais d'originalité ! — Nous répondrons d'abord que rien ne serait plus original et plus neuf pour le public, que la représentation naïve sur notre théâtre d'une grande tragédie de Shakespeare, avec toute la pompe d'une mise en scène intelligente... En vérité, jusqu'à ce qu'il se présente un génie inventeur, les traducteurs doivent avoir la préférence... — Ce qu'on a déjà fait pour Schiller, nous le réclamons hautement pour Shakespeare... Il est temps de montrer au public français ce grand Shakespeare tel qu'il est, avec ses magnifiques développements, la variété de ses caractères, l'indépendance de ses conceptions, le mélange si bien combiné des styles comique et tragique... Il est temps que ses chefs-d'œuvre soient reproduits fidèlement sur notre scène.

C'est seulement après avoir préparé le terrain par du Shakespeare qu'on pourra lancer un drame français nouveau :

Lorsque la grande épreuve de Shakespeare aura été faite, lorsque notre public connaîtra la plus belle poésie dramatique des temps modernes... un homme de génie viendra peut-être, qui combinera tous ces éléments... en fera jaillir la véritable tragédie française, un drame national fondé sur notre histoire et sur nos mœurs, sans copier qui que ce soit, pas plus Shakespeare que Racine, pas plus Schiller que Corneille, comme le dit M. Victor Hugo dans son admirable préface de *Cromwell*.

Les caractères extérieurs des pièces romantiques de l'Angleterre ou de l'Allemagne sont les plus frappants et les plus faciles à imiter (cf. Platen, p. 44); ce qui est plus délicat et plus important, c'est de savoir discerner et reproduire leurs caractères internes :

...La question n'est pas dans la coupe matérielle des scènes et des actes, dans les passages subits d'une forêt à un château, et d'une province à une autre, toutes choses dont on fait aussi bien de se passer quand on le peut, et qu'on ne doit ni repousser ni recher-

---

1. É. Deschamps, *Préface*... Levavasseur, édit.

cher, mais elle est réellement dans la peinture individualisée des caractères, dans le remplacement continuel du récit par l'action, dans la naïveté du langage ou le coloris poétique, dans un style enfin tout moderne.

ALFRED DE VIGNY

L'année suivante, Vigny indique la même solution. Il a fait jouer le *More de Venise* pour acclimater le public [1] :

Or, voici le fond de ce que j'avais à dire aux intelligences, le 24 octobre 1829 : — « Une simple question est à résoudre. La voici : — *La scène française s'ouvrira-t-elle, ou non, à une tragédie moderne produisant : — dans sa conception, un tableau large de la vie au lieu du tableau resserré de la catastrophe d'une intrigue ; — dans sa composition, des caractères, non des rôles, des scènes paisibles sans drame, mêlées à des scènes comiques et tragiques ; — dans son exécution, un style familier, comique, tragique, et parfois épique ?* — Pour résoudre cette triple question, une tragédie inventée sera insuffisante... Une fable neuve ne serait pas une autorité capable de consacrer une exécution neuve comme elle... Une œuvre nouvelle prouverait seulement que j'ai inventé une tragédie bonne ou mauvaise... — Or, la postérité a prononcé sur la tombe de Shakespeare les paroles qui font le grand homme ; donc, une de ses œuvres faites dans le système auquel j'ai foi est le seul exemple suffisant... Je la donne, non comme un modèle pour notre temps, mais comme la représentation d'un monument étranger, élevé autrefois par la main la plus puissante qui ait jamais créé pour la scène, et selon le système que je crois convenable à notre époque, à cela près des différences que les progrès de l'esprit général ont apporté dans la philosophie et les sciences de notre âge, dans quelques usages de la scène et dans la chasteté du discours. »

Mais qu'on n'aille pas fabriquer en 1829, à Paris, du Shakespeare :

Un imitateur de Shakespeare serait aussi faux dans notre temps que le sont les imitateurs d'*Athalie*. — Encore une fois, nous marchons, et, quoique Shakespeare ait atteint le plus haut degré peut-être où puisse atteindre la tragédie moderne, il l'a atteint selon son temps ; ce qui est poésie et observation de moraliste est aussi beau en lui que jamais il l'a été, parce que l'inspiration ne fait pas

---

1. Alfred de Vigny. *Lettre à Lord ****. Ch. Delagrave, édit.

de progrès, et que la nature des individus ne change pas : mais ce qui est philosophie divine ou humaine doit correspondre aux besoins de la société où vit le poète...

LE DRAME NOUVEAU

Instruits par des exemples vivants, mieux que par les théories, les auteurs dramatiques de la nouvelle école donneront à la France le drame nouveau qu'elle attend.

ALFRED DE VIGNY

Vigny montre comment le drame nouveau aura pour caractère essentiel de substituer à la crise qui fait le fond de la tragédie le développement plus abondant et plus continu des passions : il tendra vers le drame biographique [1] :

Considérez d'abord que, dans le système qui vient de s'éteindre, toute tragédie était une catastrophe et un dénouement d'une action déjà mûre au lever du rideau, qui ne tenait plus qu'à un fil et n'avait plus qu'à tomber. De là est venu le défaut qui vous frappe, ainsi que tous les étrangers, dans les tragédies françaises : cette parcimonie de scènes et de développements, ces faux retardements, et puis tout à coup cette hâte d'en finir, mêlée à cette crainte que l'on voit presque partout de manquer d'étoffe pour remplir le cadre de cinq actes... — Ce ne sera pas ainsi qu'à l'avenir procèdera le poète dramatique. D'abord il prendra dans sa large main beaucoup de temps, et y fera mouvoir des existences entières ; il créera l'homme, non comme *espèce*, mais comme *individu*, seul moyen d'intéresser à l'humanité ; il laissera ces créatures vivre de leur propre vie, et jettera seulement dans leur cœur ces germes de passion par où se préparent les grands événements ; puis, lorsque l'heure en sera venue, et seulement alors, sans que l'on sente que son doigt la hâte, il montrera la destinée enveloppant ses victimes dans des nœuds inextricables et multipliés... Alors le créateur trouvera dans ses personnages assez de têtes pour répandre toutes ses idées, assez de cœurs à faire battre de tous ses sentiments, et partout on sentira son âme entière agitant la masse.

---

1. Id., *ibid.*

V. HUGO : LA PRÉFACE DE CROMWELL

Dans la *Préface* de *Cromwell*, le drame est présenté comme l'expression parfaite de la société moderne, transformée par le christianisme et par l'annexion du grotesque au sublime (p. 93). Il sera réel, donc complet, comme l'est Shakespeare [1] :

Shakespeare, c'est le drame : et le drame qui fond sous un même souffle le grotesque et le sublime, le terrible et le bouffon, la tragédie et la comédie, le drame est le caractère propre de la troisième époque de poésie, de la littérature actuelle. ...La poésie née du christianisme, la poésie de notre temps est donc le drame ; le caractère du drame est le réel ; le réel résulte de la combinaison toute naturelle de deux types, le sublime et le grotesque, qui se croisent dans le drame, comme ils se croisent dans la vie et dans la création... Tout ce qui est dans la nature est dans l'art... On voit combien l'arbitraire distinction des genres croule vite devant la raison et le goût...

Il remplacera à la fois la tragédie et la comédie :

Que ferait le drame romantique ? Il broierait et mêlerait artistement ensemble ces deux espèces de plaisir. Il ferait passer à chaque instant l'auditoire du sérieux au rire, des excitations bouffonnes aux émotions déchirantes, *du grave au doux, du plaisant au sévère.* Car... le drame, c'est le grotesque avec le sublime, l'âme sous le corps, c'est une tragédie sous une comédie.

La première place y sera donnée au *caractéristique* d'un homme et d'une époque : telle est la vraie *couleur locale* :

...Si le poète doit *choisir* dans les choses (et il le doit), ce n'est pas le *beau*, mais le *caractéristique*. Non qu'il lui convienne de *faire*, comme on dit aujourd'hui, *de la couleur locale*, c'est-à-dire d'ajouter après coup quelques touches arides çà et là sur un ensemble du reste parfaitement faux et conventionnel. Ce n'est point à la surface du drame que doit être la couleur locale, mais au fond, dans le cœur même de l'œuvre... Le drame doit être radicalement imprégné de cette couleur des temps.

Contrairement au mélodrame des boulevards ou au pseudo-drame historique qui ne fait que déverser sur le spectateur des scènes sans lien, empruntées telles quelles aux chroniques, le vrai drame romantique aura une forte concentration, une unité qui, pour n'être pas

1. V. Hugo, *Préface de Cromwell.*

8

l'unité mince et sèche de la tragédie classique, ne s'en imposera pas moins à l'attention : car ce sera la riche unité de la vie :

Le drame est un miroir où se réfléchit la nature. Mais... il faut... que le drame soit un miroir de concentration qui, loin de les affaiblir, ramasse et condense les rayons colorants... Alors seulement le drame est avoué de l'art. — Le théâtre est un point d'optique. Tout ce qui existe dans le monde, dans l'histoire, dans la vie, dans l'homme, tout doit et peut s'y réfléchir, mais sous la baguette magique de l'art. L'art feuillette les siècles, feuillette la nature, interroge les chroniques, s'étudie à reproduire la réalité des faits, surtout celle des mœurs et des caractères, bien moins léguée au doute et à la contradiction que les faits, restaure ce que les annalistes ont tronqué, harmonise ce qu'ils ont dépareillé, devine leurs omissions et les répare, comble leurs lacunes par des imaginations qui aient la couleur du temps, groupe ce qu'ils ont laissé épars, rétablit le jeu des fils de la Providence sous les marionnettes humaines, revêt le tout d'une forme poétique et naturelle à la fois, et lui donne cette vie de vérité et de saillie qui enfante l'illusion, ce prestige de réalité qui passionne le spectateur, et le poète le premier, car le poète est de bonne foi.

Il sera long, parce qu'il sera *ample* et complexe comme la vie :

C'est une grande et belle chose que de voir se déployer avec cette largeur un drame où l'art développe puissamment la nature, un drame où l'action marche à la conclusion d'une allure ferme et facile, sans diffusion et sans étranglement ; un drame enfin où le poète remplisse pleinement le but multiple de l'art, qui est d'ouvrir au spectateur un double horizon, d'illuminer à la fois l'intérieur et l'extérieur des hommes : l'extérieur, par leurs discours et leurs actions ; l'intérieur, par les *a parte* et les monologues ; de croiser, en un mot, dans le même tableau, le drame de la vie et le drame de la conscience.

Ce drame sera en vers. Les essais contemporains en prose ne donnent pas l'impression d'œuvres d'art : l'auteur s'y est contenté de dialoguer les chroniques en une prose quelconque. Là où il n'y a pas transposition, il n'y a pas art :

Nous n'hésitons point à considérer le vers comme un des moyens les plus propres à préserver le drame du fléau que nous venons de signaler, comme une des digues les plus puissantes contre l'invasion du *commun*...

Voilà ce qui a causé l'erreur de plusieurs de nos réformateurs les plus distingués. Choqués de la raideur, de l'apparat, du *pomposo* de cette prétendue poésie dramatique, ils ont cru que les éléments de notre langue poétique étaient incompatibles avec le naturel et le vrai. L'alexandrin les avait tant de fois ennuyés qu'ils l'ont condamné, en quelque sorte, sans vouloir l'entendre, et ont conclu, un peu précipitamment peut-être, que le drame devait être écrit en prose. Ils se méprenaient,... ce n'était pas au vers qu'il fallait s'en prendre, mais aux versificateurs... Le vers est la forme optique de la pensée. Voilà pourquoi il convient surtout à la perspective scénique. Fait d'une certaine façon, il communique son relief à des choses qui, sans lui, passeraient insignifiantes et vulgaires. Il rend plus solide et plus fin le tissu du style... Que pourraient donc perdre à entrer dans le vers la nature et le vrai ? ...L'idée, trempée dans le vers, prend soudain quelque chose de plus incisif et de plus éclatant. C'est le fer qui devient acier.

Mais que le vers alexandrin du drame nouveau soit libre de métrique et de style :

Que si nous avions le droit de dire quel pourrait être, à notre gré, le style du drame, nous voudrions un vers libre, franc, loyal, osant tout dire sans pruderie, tout exprimer sans recherche ; passant d'une naturelle allure de la comédie à la tragédie, du sublime au grotesque ; tour à tour positif et poétique, tout ensemble artiste et inspiré, profond et soudain, large et vrai ; sachant briser à propos et déplacer la césure, pour déguiser sa monotonie d'alexandrin ; plus ami de l'enjambement qui l'allonge que de l'inversion qui l'embrouille ; fidèle à la rime, cette esclave reine, cette suprême grâce de notre poésie, ce générateur de notre mètre ; inépuisable en la variété de ses tours, insaisissable dans ses secrets d'élégance et de facture ; prenant, comme Protée, mille formes sans changer de type et de caractère ; fuyant la tirade, se jouant dans le dialogue, se cachant toujours derrière le personnage, s'occupant avant tout d'être à sa place et, lorsqu'il lui adviendrait d'être *beau*, n'étant beau en quelque sorte que par hasard, malgré lui et sans le savoir ; lyrique, épique, dramatique, selon le besoin ; pouvant parcourir toute la gamme poétique, aller de haut en bas, des idées les plus élevées aux plus vulgaires, des plus bouffonnes aux plus graves, des plus extérieures aux plus abstraites, sans jamais sortir des limites d'une scène parlée : en un mot, tel que le ferait l'homme qu'une fée aurait doué de l'âme de Corneille et de la tête de Molière. Il nous semble que ce vers-là serait *aussi beau que de la prose.*

A CONSULTER : — Ch.-M. Des Granges, *Geoffroy et la Critique dramatique sous le Consulat et l'Empire* (1800-1814). Hachette, 1897, in-8°; ID., *La Presse littéraire sous la Restauration* (1815-1830). Mercure de France, 1907, in-8°; Michel Salomon, *Charles Nodier et le groupe romantique.* Perrin, 1908 ; G. Michaut, *Sainte-Beuve avant les Lundis.* Fontemoing, 1903, in-8° ; Léon Séché, *Alfred de Vigny.* Juven, 1902 ; ID., *Lamartine de 1816 à 1830.* Mercure de France, 1909 ; ID., *Le Cénacle de la Muse française (1823-1827).* Mercure de France, 1905 ; Émile Lauvrière, *Alfred de Vigny, sa vie et son œuvre.* Colin, 1909 ; Ernest Dupuy, *La Jeunesse des Romantiques,* Soc. d'Impr. et de Libr., 1906 ; ID., *Alfred de Vigny,* 1910 ; Edmond Estève, *Byron et le Romantisme français.* Hachette, 1908 ; Nebout, *Le Drame Romantique,* Soc. d'Impr. et de Libr., 1897 ; Souriau, *La Préface de Cromwell,* édition critique avec introduction et commentaires. Colin, 1897; ID., *Le Conservateur littéraire,* Annales de la Faculté des Lettres de Caen (1887); H.-F. Stewart und Arthur Tilley, *The Romantic movement in French Literature,* traced by a series of texts. Cambridge, University Press, 1910, crown 8vo; J. Marsan, réédition de la *Muse française* avec introduction (Société des textes français modernes).

TABLE DES MATIÈRES

Troisième Partie

LE MOUVEMENT ROMANTIQUE EN ITALIE

Quatrième Partie

LE MOUVEMENT ROMANTIQUE EN FRANCE

CHARTRES. — IMPRIMERIE DURAND, RUE FULBERT.

www.ingramcontent.com/pod-product-compliance
Lightning Source LLC
LaVergne TN
LVHW021844170726
843503LV00003B/1064